「食」の図書館

イチジクの歴史

FIGS: A GLOBAL HISTORY

DAVID C. SUTTON
デイヴィッド・C・サットン【著】
目時能理子【訳】

原書房

目次

［……］は翻訳者による注記である。

序章◉イチジクとは

イチジクは、風味がよくてとても柔らかく、多くの種をもつ果実だ。生で食べられるだけでなく、缶詰や瓶詰、そして何よりドライフルーツとして、さまざまな形で消費されている。生のイチジクは贅沢な果物として扱われ、栽培がさかんな国でもときには最高級の果物と称される。乾燥イチジクは生に比べると目立たない存在だが、地中海沿岸の国々では古くから主食とされてきた。古代ローマでも、進軍中の兵士たちにパンの代用品として乾燥イチジクを食べさせたと言われている。世界で収穫されるイチジクのうち、85パーセント以上がドライフルーツに加工され、10パーセント以上が缶詰または瓶詰にされる。生で食べられるイチジクは約3パーセントにすぎない。

イチジクはイチジクの木（Ficus carica）の果実である。原産地は近東で、おそらくアラビア半島のどこかだと考えられる。現在は主にトルコとエジプトで生産されている（トルコのアナトリア中心部がイチジクの栽培に最適な気候だと言われている）。イチジクはまた、

イチジクは地中海の晩夏の陽光に育まれた果物である。

ギリシア、イタリア、スペイン、ポルトガル、カリフォルニアの重要な作物でもある。大半が北半球で栽培されているが、ペルーやアルゼンチン、南アフリカ、オーストラリアでもよく育つ。

イチジクは、古代ギリシア人や古代ローマ人に愛され、大切に扱われてきた。12世紀ごろまで、イチジクは地中海沿岸や近東の特産物にすぎなかったが、800年ほど前から北ヨーロッパをはじめとする多くの国に広がった。この地域に最初にイチジクを持ち込んだのは多くの場合、十字軍の帰還兵たちだ。

生のイチジクはジューシーで独特の香りを放ち、甘く濃厚で、媚薬を連想させる。熟した生のイチジクは、濃紫色あるいはスミレ色が定番だが、品種によっては褐色や緑色に熟すものもある。

イチジクの木には、二度、三度と収穫できる品種もある。初夏の収穫物はふつう緑色で、ときには「ブレバ」と呼ばれる。ブレバの可食性については、国によって意見が分かれるが、多くのイチジク愛好家は晩夏から初秋にかけて熟す果実を重宝している。

イチジクの木の多くは自家受粉するか、受粉しなくても果実が大きくなる単為結果性をもつ。だが、なかには自家受粉をしない品種もあり、その場合はイチジクコバチという、もぞもぞ動く小さな虫が受粉を助けることになる。自家受粉するイチジクはアドリアチック・イ

ジャック・ル・モイン・ド・モルグ『イチジクの木 Ficus carica』。イチジクの葉と果実を描いた16世紀の線画。

乾燥イチジクは、見た目も用途も生のイチジクとは異なる。冬の糧となる果物であり、貧しい人々の冬の贅沢品である。

ルイス・エジディオ・メレンデス『イチジクとパンのある静物 Still-life with Figs and Bread』1760年代。油彩、カンヴァス。はじけるくらいに熟した緑と黒のイチジクが描かれている。

エデンの園の話によって有名になったイチジクの葉には独特の美しさがある。

チジクと呼ばれ、熟すのに虫の助けが必要なイチジクはスミルナ・イチジクと言われることが多い。アドリアチックのほうが一般的で、主な品種は「ブラウン・ターキー」、「ブランズウィック」、「セレスト」、「カドタ」、「ホワイト・アドリアチック」、「ブラック・ミッション」などである。スミルナ・イチジクの最大の特徴は、イチジクコバチがいなければ受粉できないことと、基本的にブレバをつくらないことだ。カリフォルニアのイチジク専門家W・B・ストーリィによると、カリフォルニアで栽培されているイチジクの最高級品で、トルコ語の「サリロップ（Sari Lop）」という名で知られるイチジクは、スミルナタイプである。

イチジクの木は、ふつうは果実のために栽培されるが、優れた観賞用の樹木でもあり、北部の地域——そこでは実が熟すことはない——でも育てられることがある。イギリス王立園芸協会の印象的な言葉で表すと、この植物が「美しく建築的な葉」をつけるからだ。

西洋では、イチジクは聖書の序盤に登場することでよく知られている。エデンの園でアダムとイブは自分たちが裸であることに気づき、この「建築的な葉」を使って体を隠したというくだりだ。今日、「イチジクの葉」という言葉は、恥ずかしいことを隠そうとする試み（たいていは無駄に終わる）の比喩としてよく使われる。

第*1*章◉楽園の果実

イチジクは楽園の果実である。この章では、ふたつの異なる楽園のイチジクを見ていくことにする。ひとつは宗教的な「失楽園」（失われた楽園）、すなわち聖書のエデンの園。そしてもうひとつは、もっと現代的な意味での楽園、つまり性や食の喜びを謳歌する人々が集まる、贅沢でエキゾチックな場所だ。多くの人にとって、イチジクは聖書的な意味合いをもつ。欽定訳聖書の「創世記」（第3章第6～7節）には次のような記述がある。

> 女がその木を見ると、それは食べるに良く、目には美しく、賢くなるには好ましいと思われたから、その実を取って食べ、また共にいた夫にも与えたので、彼も食べた。すると、ふたりの目が開け、自分たちの裸であることがわかったので、いちじくの葉をつづり合わせて、腰に巻いた。

ワインやハチミツの濃厚なソースでつくられた、ボウルのなかの楽園の味。

この記述に登場する葉はイチジクの葉だとされているが、果実（聖書では何の果実なのか明示されていない）はリンゴとして描かれることが多い。このことは、キリスト教図像学における数世紀にわたる謎だ。

そこで、植物学と歴史の考察に移る前に、まずイチジクを聖書の楽園の果実としての正しい地位に戻させてほしい。エデンの園で誘惑されたイブが摘み取った実は、リンゴではなくイチジクだと解釈すべきである。その証拠と論拠は明らかだ。「創世記」の初期の話は、ノアの箱舟のころまでメソポタミアの伝統に由来している。イラク中央部ではリンゴが育つものの（社会学者で食の歴史家サミ・ズバイダが、子どものころ、バグダッドの庭にリンゴの木があったと教えてくれた）、現在でもリンゴはめずらしくてサイズも小さく、食欲をそそられる果物ではない。一方、メソポタミアではイチジクは甘く完熟する。聖書の記述からは、エデンの園にイチジクの木があったことはわかるが、リンゴについては何もわからない。イチジクは誘惑の果実で、甘美な魅力に満ちている。リンゴはとてもよい果物ではあるが、女性を原罪へといざなうほどの注目度はない。そして、イチジクの木はリンゴの木よりも「目を楽しませる」。

また、イチジクはキリスト教、ユダヤ教以外の宗教でも楽園と関連づけられている。イスラム教の預言者ムハンマドは「果実をひとつ楽園に運んでもらえるとしたら、私は間違いな

ピエール＝オーギュスト・ルノワール（1841〜1919年）『アンズとイチジク Apricots and Figs』油彩、カンヴァス。

くイチジクを選ぶだろう」と言ったと伝えられている。たしかに、果樹であるイチジクの葉は針と糸で縫うことができる。——ミルトンが『失楽園』で記したように、いま問題にしている木はベンガルボダイジュのようなもので「有名な果実のたぐいではない」などと憶測する必要はないのだ。

実際のところ、禁断の果実はイチジクだったとする解釈はいくつかあるが、リンゴ説のように広く知られてはいない。北ヨーロッパの人々が、この話とリンゴを重ね合わせたのかもしれない。とはいえ、寓話や民間伝承学の辞典において、イチジクが「知恵、活力、創造の木」と記されていることは注目に値する。

◉聖書に出てくるイチジク

聖書に出てくるイチジクについて、もう少し掘り下げてみよう。このテーマはとても奥深く、ときには驚くような発見もあるからだ。聖書は、木に関する寓話とはあまり縁がないように思われているが、「士師記」には木の話があって、そこではイチジクの木が自然の秩序のなかでその土地に基づいた知恵をもつものとして描かれている。

パリのノートルダム寺院のフリーズ（小壁）の一部。アダムとイブとイチジクの木に絡みついているヘビが彫られている。では禁断の果実はリンゴなのかイチジクなのか？

もろもろの木はまたいちじくの木に言った、『きてわたしたちの王になってください』。しかしいちじくの木は彼らに言った、『わたしはどうしてわたしの甘味と、わたしの良い果実とを捨てて行って、もろもろの木を治めることができましょう』。

この話を、統治者であることの務めに対する憂鬱な感情を表したものと考えるか、その他の解釈を支持するかはさておき、ひとつだけはっきりしていることがある。聖書において、イチジクの木が特別なものとして扱われていることだ。

イチジクはまた、聖書のパレスチナに関するいくつかの場面で象徴的な役割を担っている。カナンが「約束の地」であることを報告するために、偵察が戻る際には、ブドウ、ザクロ、イチジクを持ち帰った（「民数記」第13章第23節）。別の場面では、イスラエル人に約束された地は、小麦、大麦、ブドウの木、イチジクの木、ザクロがあるよい土地として描かれている（「申命記」第8章第8節）。また、イチジクは「雅歌」でも重要なものとして扱われている。

もろもろの花は地にあらわれ、
鳥のさえずる時がきた。

山ばとの声がわれわれの地に聞える。
いちじくの木はその実を結び、
ぶどうの木は花咲いて、かんばしいにおいを放つ。

ほかにも、ときに信じられないような食欲を見せる大食漢のダビデ王［イスラエル王国第2代の王］のもとをアビガイル［旧約聖書に出てくるナバルの妻］が訪れ、干しブドウ100ふさ、干しイチジク200個を差し出したとも書かれている（「サムエル記上」第25章第18節）。

旧約聖書にはイチジクに関する多くの記述があるが、なかでもとくに魅力的なものを3つ紹介しよう。

彼らは皆そのぶどうの木の下に座し、そのいちじくの木の下にいる。彼らを恐れさせる者はない。（「ミカ書」第4章第4節）

あなたのとりでは皆／初なりの実をもつ、いちじくの木のようだ。これをゆすぶればその実は落ちて、食べようとする者の口にはいる。（「ナホム書」第3章第12節）

ソロモンの一生の間、ユダとイスラエルはダンからベエルシバに至るまで、安らかにおのおの自分たちのぶどうの木の下と、いちじくの木の下に住んだ。(「列王記上」第4章第25節)

ユダヤ人は、イチジクの木の下に座るということを重要だと考えていた。たとえば、新約聖書(「ヨハネによる福音書」)にナタナエルという男の話がある。この男はイエスの教えに転向したように見えるのだが、それは単にナタナエルがイチジクの木の下に座っていたからだ。この話は、キリスト教やユダヤ教の学者のあいだで解釈が分かれているものの、イチジクの木の下に座るということが「敬虔な態度で律法を学ぶこと」と関連しているという見方は共通している。トレド(スペイン)の由緒あるサンタ・マリア・ラ・ブランカ教会の壁には、イチジクの木の下にいるナタナエルの姿が暗がりに描かれ、「イチジクの木の下にいるナタナエルは、律法を学ぶことを象徴している」という文が添えられている。

新約聖書にはもうひとつ、「マタイによる福音書」に不可解なイチジクの話がある。

そして、葉の茂ったいちじくの木を遠くからごらんになって、その木に何かありはしないかと近寄られたが、葉のほかは何も見当らなかった。いちじくの季節でなかったからである。
そこで、イエスはその木にむかって、「今から後いつまでも、おまえの実を食べる者がないように」と言われた。弟子たちはこれを聞いていた。

イチジクの木の何が悪かったのかははっきりしていない。イチジクの結実時期は他の果実より遅い。イチジクの木が春先に実をつけることはなく、夏の盛りにさえ実を結ばないことがよくある。この奇妙な福音書の話がイングランドの伝統的なイチジク・プディングに与えた影響についてはのちほど考察することにしよう。

◉地上の楽園

ここでいったん宗教から離れ、もっと地上に近い楽園、つまり喜びや贅沢、甘美といったものに目を向けることにする。食の世界では、楽園のイメージとイチジクはたびたび結びつけられる。イチジクのレシピでよく使われる言葉のひとつは「甘美な」という言葉だ。イチジクはフードライターの実務的な仕事でさえ、宇宙のダイナミズムへと引きずりこんでしまうのだ。鴨をイチジクで煮込むエリザベス・デヴィッドのみごとなレシピは、生のイチジク

皿に盛られたイチジク。イチジク特有の形が強調されている。

16個をハーフボトルのソーテルヌ［フランスの極甘口の貴腐ワイン］に24時間漬けこむよう読者に勧めるところから始まる。

似たような発想から、フランス人シェフのガストン・ルノートルは、イチジクとミントを添えたミュスカ・ド・リヴザルト［フランスを代表する天然甘味ワイン］のソルベを考案した。これをつくるにはボトル1本分のよく冷えたミュスカが必要だ。『ラルース料理大事典』には、キジの煮込みに詰める乾燥イチジクはたっぷりのポルト酒に24時間漬けこんだものがいいと書かれている。また、ダイアナ・ヘンリーが『ローストイチジク、ざらめ雪 *Roast Figs, Sugar Snow*』（2011年）で紹介したのは、ハチミツを塗り、カルヴァドスでゆっくり煮込んだ乾燥イチジクと栗を詰めたガチョウをローストし、ローストした生のイチジクを飾ったレシピである。1949年、映画「ストロンボリ／神の土地」の撮影時、主演のイングリッド・バーグマンとロベルト・ロッセリーニ監督のロマンスが噂されるなか、「インサラータ・ストロンボリ」と呼ばれる愛のサラダがつくられ、この女優と監督を喜ばせた。このサラダの主な材料は、生のイチジク、アンチョビ、フェンネル、ケッパー、ミント、ローストした赤パプリカ。イギリスの有名な料理研究家、デリア・スミスでさえ、半リットル近いマルサラワインで煮た生のイチジクのコンポートにマスカルポーネムースを添えた贅沢な一品に心を奪われた。ハチミツでローストしたイチジクのマルサラ漬けは、豊かな風味の組み合わせを表現していて、シチリアの定番料理としていくつかのレシピ集に掲載されている。ウエルバ（スペイン）のイゲーラ・デ・ラ・シエラという町（山脈のイチジク畑のなかにあることからこの名がついた）［スペイン語で「イゲーラ」はイチジクの木、「シエラ」は山脈という意味］の近くでは、乾燥イチジクをチョコレートでコーティングし、地元のどんぐりリキュール（licor de bellota de La Sierra de Aracena）で風味づけしたクリーミーなソースに浸したものが食べられる。ウエルバ県を南に下っていくと、運が良ければ、オロロソ・シェリー酒でゆっくり煮込んだ生のイチジクのハチミツ漬けが食べられるかもしれない。これもまた、すばらしい風味の組み合わせだ。

イスラエルには、さらに香り豊かなレシピが存在する。ハチミツやタイム、ローリエ、シナモンで風味をつけた赤ワインのソースで生のイチジクをじっくり煮込んだものだ。一方、ハチミツのトロトロ感がない完熟イチジク本来の風味を好む人には、レバノン流の食べ方がお勧めだ。夏の終わりの太陽の下をイチジクをかじり、ミントの生葉入りのよく冷えたアラック（アニス風味の蒸留酒）を飲みながらゆっくりと散歩するのは、地中海沿岸の晴れた午後にぴったりのアクティビティだ。アニスシードとミント、そしてイチジクの組み合わせは、美食のもうひとつの定番である。一方、マルタの現代的な珍味には、乾燥させたばかりのイチジクをアニスシードのリキュールに浸し、フェンネルシードや月桂樹の葉と混ぜたものが

マリア・ジビーラ・メーリアン。イチジクの木の枝にとまっているコキンチョウを描いた水彩画。1693〜1700年頃。

ある。

地上の楽園を思わせるような特別な体験といえば、風味のあるお酒を飲みながらイチジクを食べ、晩夏の庭を友人と語り合いながら散歩することだろう。イギリスの政治家サミュエル・ピープスは、1662年7月21日に次のように記している。

波止場へ向かい、シェルデン氏の庭を散歩した。果物をさらに食べ、酒を飲み、イチジクを食べる。とてもおいしかった。リーガル・ジェームス号が波止場に着くまでのあいだ、談笑にふけった……

イチジクを食べ過ぎた例として、アルジェリア北部に住むカビリア人の話がある。いくつかの文献には、カビリア人が中毒になるほどのイチジクを食べ、それから酩酊状態でウィービングダンスに興じたようすが記されている。いまではなかなか手に入らない『カビリアにて：パリジェンヌのジュルジュラへの旅 *En Kabylie: voyage d'une parisienne au Djurjura*』（1875年）という本には、イチジクの宴やイチジクに酔いしれる人々が描かれている。著者（J・ヴィルボート名義の女性）は、そうした行為を醜いこと、悪いこととしてではなく、むしろ自由への崇高な愛として描いている。あるカビリア人の女性はマダム・ヴィルボートにこう語った。

ワインで酔うという感覚は私たちにはわかりませんが、イチジクで酔うことなら知っています。イチジクの収穫時期、秋の夜長にそれはいつも起こるのです。人々は収穫しながら、あの豊潤な果物をたっぷり食べて酔っ払います。そして、その豊かな実りのなかで語り合い、笑い合い、戯れ合うことによって酔いが回るのです。

60年以上にわたりイチジクに関する書物を著したイチジクの権威、アイラ・J・コンディットの計算によると、カビリアの平均的な家庭は1年に1500ポンド（680キログラム）のイチジクを消費していたという。

また、カビリア人はイチジクを原料とするアルコールを好んだ（彼らはイスラム教へ改宗したが、それは名目上と考えられていた）。彼らの酒はたいてい「イチジクのブランデー」と称された。また、強い酒に関する史料には、「イチジクワイン」「イチジクアルコール」といった言葉が見られる。モロッコ、チュニジア、マヨルカなどの国々でつくられるイチジクアルコールは、通常、濃厚な黒褐色で、ねっとりとした甘みがある。あとを引くおいしさで、一杯飲んだら多くの人がお代わりに手を伸ばす。

チュニジアには、ブッハと呼ばれるイチジクのブランデーもあり、現在では「ブッハ・ソレイユ」という名称で販売されている。モロッコには、マヒアというナツメヤシとイチジクからつくられるリキュールがある。ニースでは移住者によっておいしい変種がつくられ、「マヒア・メクネシア」というアニスシードで香りをつけたイチジクのブランデーの生産が始まった。

ブッハ・ソレイユやマヒア・メクネシアを飲んでみたいという方には、イチジクとジュニパーベリーを使った「フィゲット」も勧めておきたい。ただし、気をつけてほしいことがある。フィゲットはとても爽快でおいしいのだが……ノンアルコールなのだ。

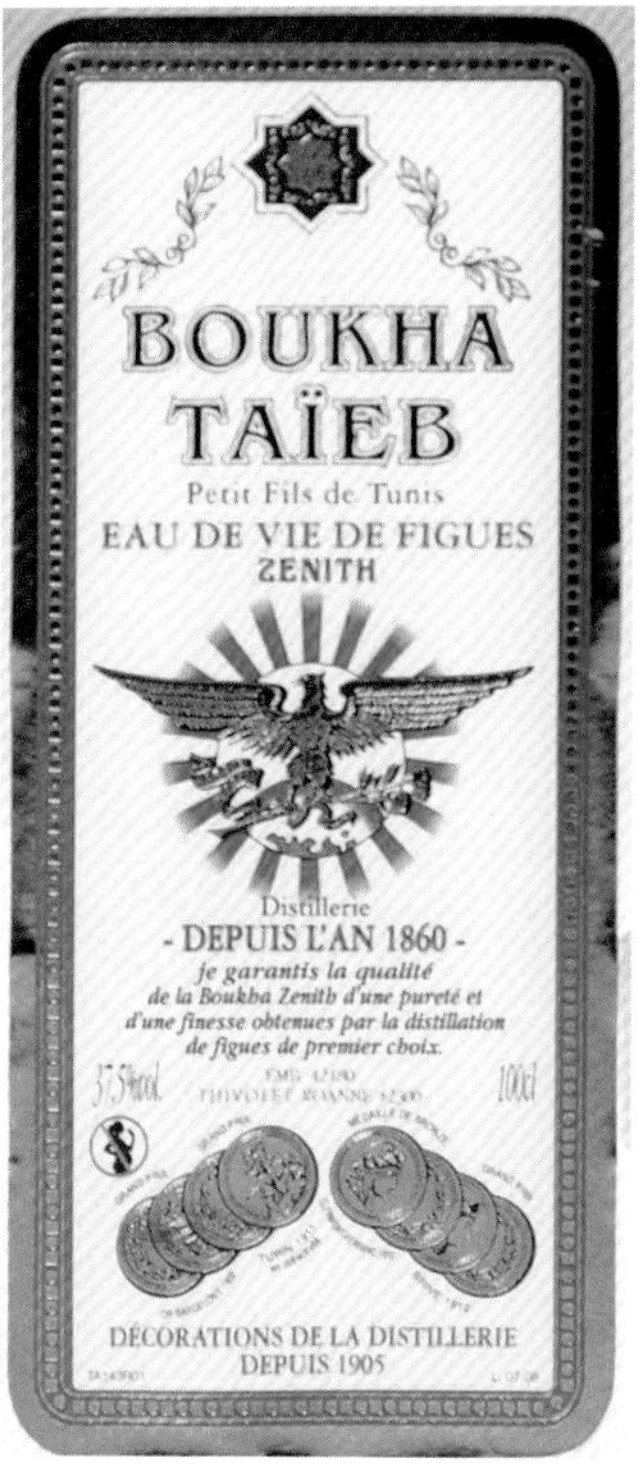

飲みすぎに注意。通常ブッハの名で知られるイチジクのブランデーは誘惑のもうひとつの形である。

トルコからバルカン半島にかけてつくられるアルコール度数の高い蒸留酒「ラク」も、たいていアニスシードで香りづけされていて、刺激が強い。とくに農村部では、ブドウだけでなくイチジクからつくられることもある。トルコ南部では、イチジクのラク（incir rakisi）は、人々を幸せな気分でベッドへ送り出し、甘い夢を見させると言われている。

イチジクのワインは、古代イラクや古代エジプトで知られており、古代ローマでは、アピキウス［ローマ時代の美食家］らがイチジクの一種であるカリカから名前を取ってカリカルムと呼び、とくに珍重していた。セネカの師のソシオンは、緑イチジクからつくったワインを勧めたと言われている。これらの古代社会では、イチジクのワインはブドウのワイン以上に、踊りやお祭り騒ぎ、歓楽に結びついていた。

地上の楽園の考察を終えるにあたって、古代エジプトの地上の楽園のようすを紹介しよう。学者のE・A・ウォリス・バッジが集めた物語の一部である。

この美しい地域はアーと呼ばれていた。そこにはイチジクがあり、ワインは水よりも豊富にある。ハチミツはたっぷりとれるし、香油も大量に存在する。木にはあらゆる種類の実がなっていて、小麦にも大麦にも困らず、牛や羊や山羊の群れがある。

エジプトは昔からイチジクの主要な産地のひとつであり、21世紀に入ってもトルコに次ぐ生産量を誇っている。しかしここで注目したいのは、アーの楽園を構成する要素のなかで、最初に名前が挙がっているのがイチジクだということだ。

第2章◉植物学上の好奇心

食用イチジクは、植物学においては変わり種だといえる。現代のイチジクの木(Ficus carica)は、野生のカプリイチジクを祖先とし、人間の手によって改良されたものだ。カプリイチジクの木になった実は食べようと思えば食べられるが、しわが多くて見栄えが悪いうえ、味もぱっとしない。イチジク属はクワ科に属しているので、イチジクはクワの木やパンノキと同じ科の植物ということになる。

イチジクの木は、みずみずしくて香りがよく、美しい形をしているものが多い。木の下でくつろぐにはうってつけだ。枝を切ると出てくる白い樹液は、皮膚を刺激することがあるので注意したほうがいい。樹皮と木質部はネズミやウサギを引きつける一方で、柔らかい果実は鳥などに狙われやすい。イチジクの木から小動物を追い払うのは、長いあいだ子どもたちの楽しい仕事だった。

食用イチジクの起源は、人類の文明発達に伴い、他の野生果実が改良されはじめた約

熟したイチジクと未熟なイチジクが同じ木で一緒に生育する。

6000年前にさかのぼると言われている。

スペイン語の辞書では、イチジクは「イチジクの木になるふたつの果実のうちの2番目のもの」と定義されている。最初の果実はブレバ（breva）と呼ばれる。カプリイチジクと同様に、早生であるブレバ（『オックスフォード英語辞典』には載っていないが、英語で「brebas」と表記されることもある）も食べられるが、生だと青臭いことがあるので、焼いたり煮込んだりしたほうがいいというのが通説だ。フランスでは、ブレバは「フィグフルール」と呼ばれ、少なくともトゥールーズでは一般的に食用とは見なされない。対照的に、スペインのカタルーニャ地方（フィガフロルまたはバコラと呼ばれる）やイタリア（フィオローニと呼ばれる）では好んで食べられている。カタルーニャの資料には、プラトンがイチジクよりもブレバを好んだという記述がある。また、ギリシア人の医学者ガレノスは、運動選手に理想的な食物として、ブレバをオリンピックの競技者に勧めたという。イタリアの文献によると、フィオローネ・ヴェルデ・ドッタートは、外は緑色で中はピンク色の小さな果実で、とても甘いそうだ。

しかし実際には、イチジクとブレバは明らかに混同されている。多くの場合、「緑イチジク」と呼ばれる果実はブレバの一種である。イチジクが豊富に育つメノルカ島ではカタルーニャ語が話されているが、そこではフィガフロルはブレバではなく、イチジクの全品種のなかで

熟したブレバ。プラトンは、夏の終わりのイチジクよりも春のブレバを好んだと言われている。カタルーニャの人々の多くが彼に同意することだろう。

最も早く実る果実だと見なされている。一方、イタリアのイスキア島では、フィオローネ・ネーロ（「黒いブレバ」という意味）と呼ばれる、果肉がピンク色の黒い果実が珍重されている。日持ちがよく、旅行に持っていくにも適していると評判だが、これもきっと早生のイチジクに違いない。もちろん『ラルース料理大事典』にも混乱が見られる。私が所有している版には、イチジクには白イチジクと紫イチジクと赤イチジクの3種類がある、とはっきり書いてあるのだが、この断定的な主張には、緑イチジクの写真がキャプションつきで添えられている。

黒や紫のイチジクは、白や緑のイチジクよりも「優性」であることが知られている。このことは、黒系と白系を交配すると必ず黒系になるという事実からも証明されている。

スペインのイチジクは2回収穫できる品種が多いが、これはあくまでも特殊な例だ。メノルカ島のフィガフロルのように早い時期に1回収穫するタイプがあるほか、さらに多いのは、年に1回、もっと遅い時期、北半球では9月か10月に収穫する品種である。トルコのイチジクの木は、ほとんどが1回の収穫であり、トルコ語ではイチジクとブレバを区別せず、どちらもインジル（incir）と呼んでいる。注目すべきことに、イタリアをはじめとするいくつかの国では実を3回つけるイチジクの木が見られる。最初に収穫されるのはフィオローニ、メインの果実はフィキまたはフォルニーティ、そして三番果はチマルオーリと、それぞれイ

葉に囲まれるようにして育つ果実。

タリア語で呼ばれる。

このように多回収穫できる果樹は非常にめずらしい。しかし、植物学的な観点からいうと、イチジクにまつわる不思議はほかにもある。まず、イチジクは厳密にいえば果実ではなく、小さな花の集まりだ。そして、イチジクの木の品種の多くは、イチジクコバチ（ブラストファーガ）という小さな虫に受粉を手伝ってもらわなければ結実しない。さらにイチジクは、果実が形成されるまでの数週間に花を咲かせない唯一の果樹である。中国語ではイチジクは「花のない果実」という名前になっている［日本語でイチジクの漢字表記は「無花果」である］。

イチジクは「果実でも花でもない」と解説されることが多いが、両方とも少しだけ合っている。イチジクの花の並び方は専門用語で「隠頭花序」といい、内側で花をつけることを意味する。もちろん、小さな花は光に当たらないので、咲くことはない。しかしその花は内側で熟し、熟した小さな種子とまわりの皮が甘くなる。私たちがイチジクの最も甘い部分だと思っているのはこの熟した種子と皮である。

序章で述べたように、イチジクは主にアドリアチック・イチジクとスミルナ・イチジクのふたつに分類される。アドリアチック・イチジクはブレバを実らせることが多く、通常は自家受粉するので栽培は簡単だ。だが残念なことに、スミルナ・イチジク、とくにトルコ原産のイチジクのほうが味がいいと広く信じられている。カリフォルニアで栽培される最高品質

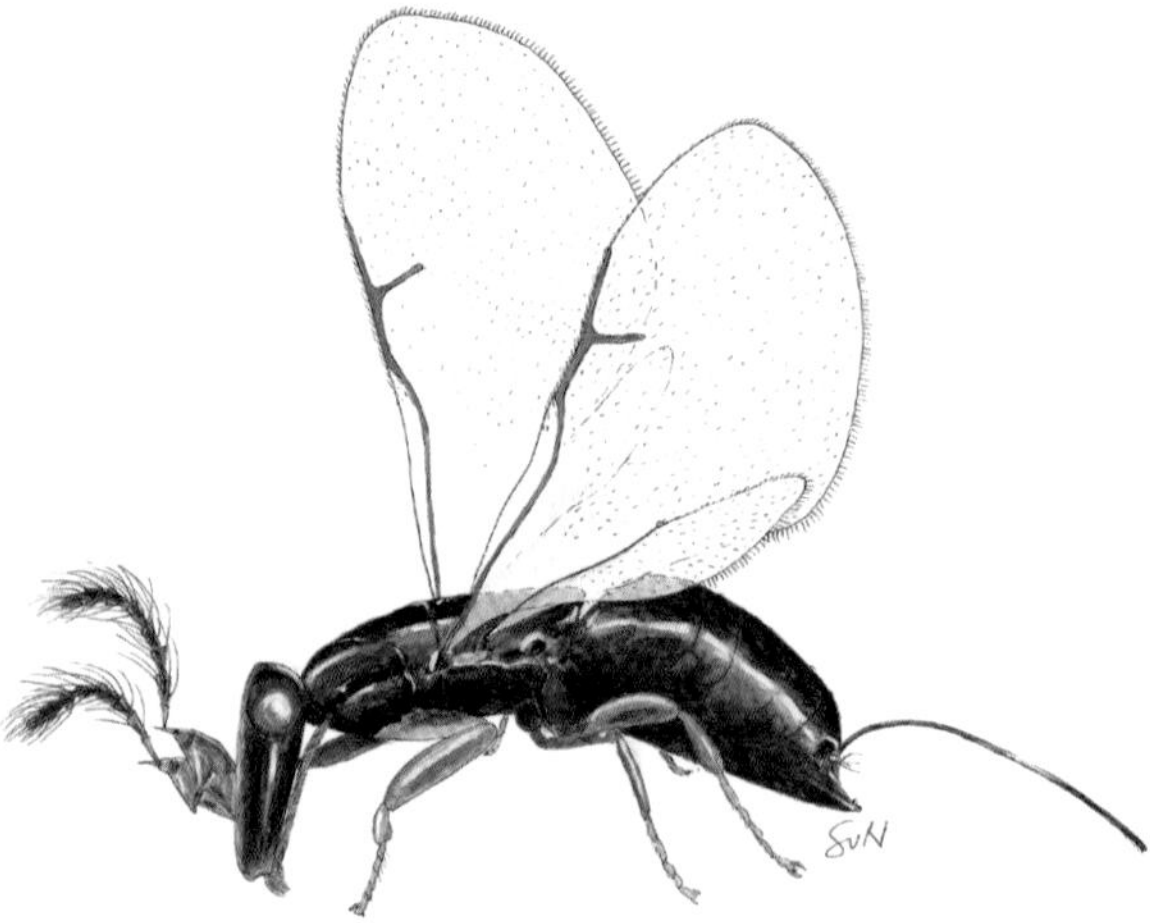

イチジクコバチ（fig wasp）の拡大図。スズメバチ（garden wasp）との類似性はごくわずかである。

のイチジクは、「サリロップ」と呼ばれるスミルナ・イチジクだというのが定説になっている。スミルナ・イチジクは、ふつうはブレバをつくらず、果実が熟すのは「カプリフィケーション」と呼ばれる過程でイチジクコバチを介して受粉した場合に限られる。「カプリフィケーション」とは、イチジクコバチがイチジクの内側に入ることによって、内側の花にカプリイチジクの花粉が運ばれることだ。農村文化では何世紀にもわたって、まずイチジクコバチにカプリイチジクの花粉をつけ、それから手作業でイチジクにイチジクコバチを差し入れていた。

したがって「植物学における変わり種」という表現はけっして大げさではない。私たちがイチジクとして扱っているのは、何回も収穫できる木からとれる果実だが、これはじつは果実ではなく、ひだのある皮のような入れ物に入った花の一種なのだ。そしてイチジクは、受精して成長するために小さな虫に頼る。また、気候や環境に左右されやすいという性質もある。霜や寒さに弱く、温暖な気候でよく育つが、湿気が多くて暑い土地ではうまく育たない（実がほぼ形成された頃にほんの少し湿気を与えるのは効果的だ）。イチジクの木は、干ばつに非常に強い。

トルコの作家がしばしば言及しているが、イチジクが熟すのに理想的な気候は、曲がりくねったメンデレス川の流域だと言われている（メンデレス川とは、ホメロスの『イリアス』

未熟な緑イチジク。熟す前からイチジク独特の形をしている。

にも記されたトロイア戦争の起こったスカマンダー川のこと。現代トルコではブユク・メンデレスと呼ばれ、英語の「メアンダー（meander）」［曲流する］という言葉はこの名前に由来する）。メンデレス川の流域は、夏は暑くて乾燥し、気温は常に40℃を超える。6月から7月にかけて、焼けつくような乾いた風が北から吹いてくると、果実は完熟に近づく。8月になり、西からやや湿った風が吹くようになる前に、熟したイチジクは乾燥しすぎることなくふっくらとした果実になるのだ。

イチジクは砂漠のオアシスでもよく育つ。暑い日差しと地下水の組み合わせがイチジクに適しているからだ。スイス人探検家のヨハン・ルートヴィヒ・ブルクハルト（1784〜1817年）は、『シリアと聖地の旅 *Travels in Syria and the Holy Land*』のなかで、テブークというアラビアの集落についてこう書いている。

デザ・ハジから1日のところにテブークという城があり、アラブのハメイディ部族のフエレーンという村がある。水源は豊富で、イチジクやザクロの木の庭があり、ナスやタマネギなどの野菜も栽培されている。

熟したイチジクの収穫に適した気候は他にもある。北アフリカ（とくにアルジェリア）、地中海の島々（キプロス島、クレタ島、キオス島、キクラデス諸島、マルタ島、シチリア島とパンテレリア島、マヨルカ島、メノルカ島、イビザ島、コルシカ島）、レバノン、イスラエル、パレスチナ、シリア、ロシア側のクリミア半島、イエメン、前述したようにイチジクの栽培種の原産地イラク、ペルー、メキシコ、そしてカリフォルニアの一部である。

第3章◉アラビアとメソポタミアの起源

私たちの生活に価値や喜びを与える多くのもの（芸術、音楽、ダンス、建築、料理やレシピ、文学、ガーデニング、ワイン、装飾、数学、金属加工、天文学、医学、なんと銀行業も）と同じく、イチジクを食べる楽しみはイラクから伝わった。

栽培されたイチジクは、人類最初の偉大な文明であるメソポタミア文明においても重要な役割を果たした。とはいえ、イチジクの栽培はメソポタミアから始まったわけではない。考古学や果実史の信頼できる資料のほとんどが、イチジクが最初に栽培されたのはアラビア南部であることを示している。栽培果実のなかでもひときわ美しく、文明的なイチジクは、イエメンからイラクへの旅から始まった可能性がきわめて高いと考えられる。このことは、西洋に広まっている偏見を正すものとして興味深い。

「創世記」の序盤に出てくるメソポタミアの起源を簡潔に振り返ってみよう。ジェフリー・ビビー以降の考古学者のなかには、メソポタミア以前の文明であるディルムン文明［メソポ

品物を吟味中。イスタンブールのメインマーケットにて。

タミア文明、インダス文明の交易相手として記録は残るが所在地不明の古代文明」の場所を特定しようとした人がいて、主な候補地としてバーレーンとイエメンが挙がっている。もし、聖書のアダムの背後に歴史上の人物が実在したら、エデンはメソポタミアにあっただろう。さらにそのエデンの最初の統治者がディルムンから従者とともに旅してきたのだとしたら、アダム王がイチジクとイチジクの木を持ち込んだとも考えられる。なかなかロマンに満ちていて、イチジクの起源に関する通説よりもずっと魅力的だ。平凡な考古学的説明では、イエメンからイラクに運ばれたであろう最初のイチジクの種子は、ヒトコブラクダやロバのような動物の糞の中に入っていて、そこから芽を出したとされる。

イチジクの起源については、植物学者も考古学者とおおむね同じ見解をもっている。植物学に関する本のほとんど、イチジクは小アジア、イラン、シリア原産で、その後、地中海沿岸全域に広がったと論じている。もっと具体的に説明しようとする植物学者は、こんなふうに言うだろう。イチジクの木は、おそらくアラビア半島に起源をもち、人間の介入によってカプリイチジクから進化し、5000年以上前にメソポタミアで食用果実として栽培されるようになったのだ、と。学者のなかには、6000年前、あるいはそれ以上に前の出来事だと主張する者もいる。総意としては、イチジクが進化し、発展したのはアラビア南部で、その後シュメールやアッシリアの果樹農家によって改良され、イラク、大シリア［現在のシリア、レバノン、ヨルダン、パレスチナ、イスラエルを含む地域〕、アナトリア〔現在のトルコのアジア側の地域〕一帯の主要作物になったということだ。

したがって、古代ギリシアの都市ハリカルナッソスの大歴史家ヘロドトス（ギリシア人だと考えられがちだが、実はイチジクが豊富にあったアナトリア出身である）が、チグリス地方の人々はイチジクを知らなかったと述べているのには驚かざるをえない。ヘロドトスの言うチグリス地方の人々が、現在のイラク北部の山岳地帯で暮らしていた人々だけを指すのなら、たしかにそのとおりかもしれない。だがイチジクは、バビロンとニネベの古代都市ではたしかに知られていた。紀元前２４００～２３００年頃にシュメールを支配したウルカギナ王は、碑文のなかでイチジクの薬効に言及しており、紀元前２０００年頃のバビロニアの賛美歌集には「ナツメヤシやイチジクよりも甘い」というフレーズが使われている。このように、わずかに残された文字による記録が、考古学的な証拠の裏付けとなっている。学者たちは、イチジクが芸術的に表現されていることも報告している。たとえば、アッシリアの遺跡にはイチジクの葉や実が描かれていて、古代ニネベの芸術作品にもイチジクの栽培種が生育しているようすが描かれている。

これまで、イチジクの栽培は紀元前４０００年かそれより少し遅い時期にアラビアとメソポタミアで始まったとされていたが（暫定的ではあったが）、この考え方は最近になって

アラブの地でよく見かける光景。乾燥イチジクの商人がイチジクを敷物に積み上げている。

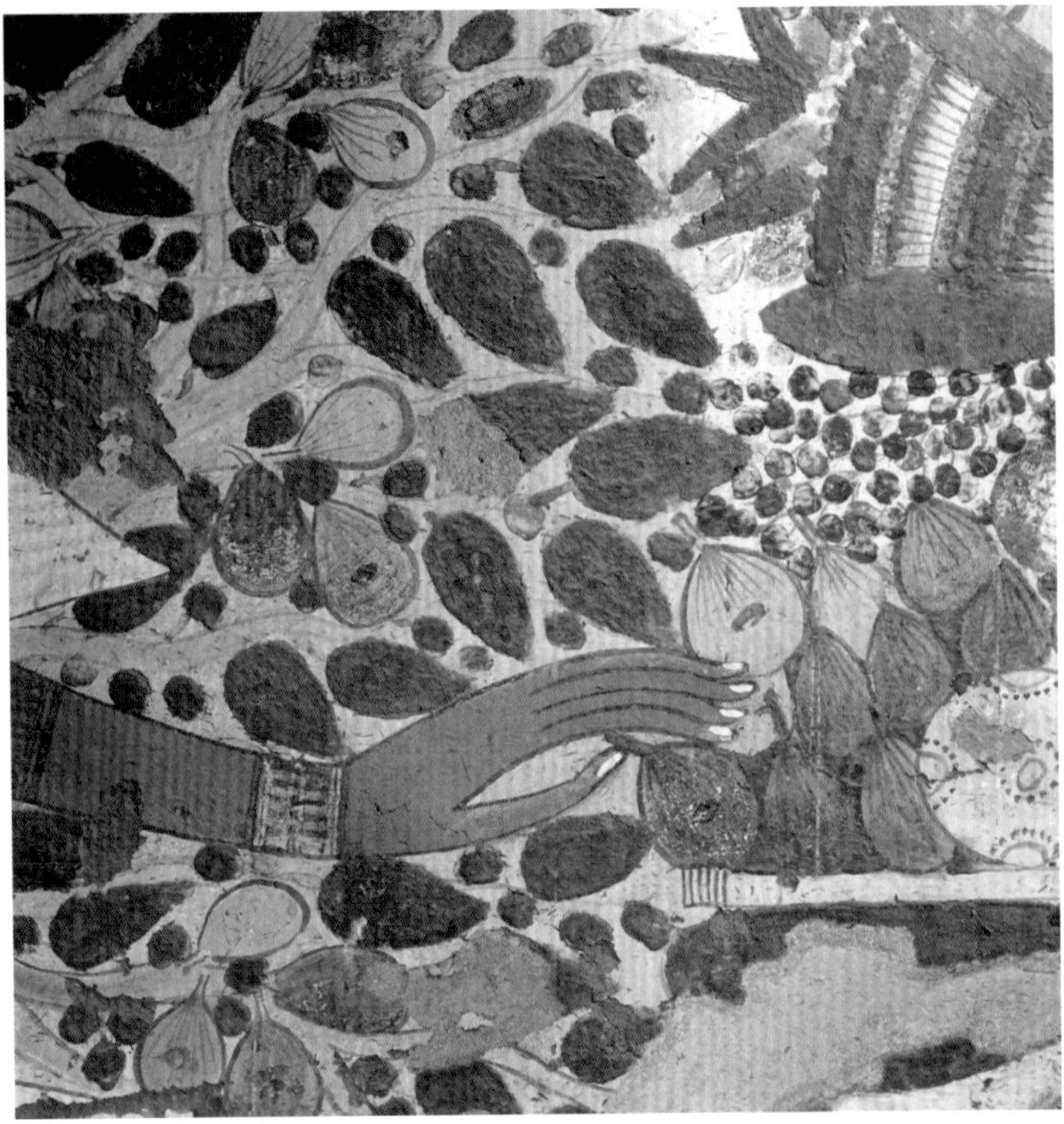

イチジクを食べようとエジプト人が上品な手をくねらす。エジプト壁画に描かれたイチジク。

疑問視された。2006年、ヨルダン渓谷にある新石器時代の集落であるギルガル第1遺跡で、炭化した栽培種のイチジクの遺物を考古学者が発見したという記事が『サイエンス』誌に掲載されたのだ。この「発見」は、紀元前9300年頃とかなり正確に年代が特定された。果実栽培がきわめて早い時期に始まったということは、人類の園芸に関する既存の考えをくつがえす可能性があるとして、BBCをはじめとする多くのメディアで報道された。しかし2006年末、報道機関から注目されることはなかったが、別の科学者グループが『サイエンス』誌に反論を発表した。先の論文が示したあらゆる可能性を否定し、発見されたのは新石器時代の栽培種のイチジクではなく、受粉していない春の雌株のイチジクだという見解を示したのだ。科学者たちはこれをブレバと呼んだが、カプリイチジクと見なすこともできる。カプリイチジクは野生の原始のイチジクで、「ヤギのイチジク」という意味をもつ。ローマ人がつけたこの名前は、荒野をさまようヤギ《スケープゴート》「古代ユダヤでは、贖罪日になると民の罪を負わせたヤギを荒野に放した」の食糧源であったことを示唆している。たしかに、この説のほうがずっと理にかなっているように思える。「アラビア・デゼルタ」（砂漠のアラビア）の乾燥地帯を精力的に調査して回った作家のチャールズ・M・ドーティは、旅行記のなかでいつも「野生のイチジク」について述べていた。

ここまでの話をまとめると、現在の考古学や古植物学の研究から間違いなく言えるのは次

イチジクの木は、強さと回復力、そして意志の強さでよく知られている。この写真は、ヨルダンのワディ・シャイブでイチジクの木が大きな岩を切り開いているところである。1930年代。

のことだ。カプリイチジクは1万1000年以上前から存在していたことが示されている一方で、イチジク栽培の起源は約6000年前のアラビアやメソポタミアにある可能性が最も高い。

イチジクの世界史が注目されるようになったもうひとつのきっかけは、トルコのアソスにおける最近の考古学的発見だ。2008年、約2400年前のアソスの墓のひとつに埋められていたイチジクが食用だったことがわかった。アソス遺跡発掘の責任者ヌレッティン・アルスランは次のように述べた。「このイチジクは、熟す前の状態で墓に入れられたおかげで、腐ることなく今日まで残ったのだろう」。トルコの新聞では、イチジクが埋められたのは栄養のためなのか、それとも媚薬効果のためなのかが静かに論じられた。

◉古代近東のイチジク

イチジクは、西洋文明の始まりを示す初期近東の代々の政権――シュメール、バビロニア、アッシリア、ヒッタイト、フリギア、トロイア、エジプト、ペルシャ――において、非常に重要な位置を占めていたことが知られている。しかし、のちのギリシアやローマの政権とは大きく異なり、文字による記録が少なく、文学的な資料はほとんど存在していない。エジプ

大英博物館に所蔵されている、イチジクとナツメヤシの入った古代の楕円形のバスケット。ナイル川流域で発見された。

モロッコ、イミルシルのベルベル市場の乾燥イチジク。

ト学者のエッダ・ブレシャーニは、古代エジプトにさえローマの著述家であるアピキウスやプリニウスに匹敵するような文書は残っていない、と嘆いた。私たちは、葬儀における食事、医者の処方箋、食物のリスト、さらには君主が見た夢の記録などに関する断片的な情報を集め、新たな考古学的証拠としなければならないのだ。

シュメール文明の楔形文字の資料には、リンゴ、ブドウ、油、ハチミツ、チーズ、タマネギ、ポロネギ、ニンニクと並んで、イチジクが基本的な食材だと記されている。また、イチジクに薬効があることも広く知られており、紀元前2750年頃の処方箋には、タイム、洋ナシ、イチジクが含まれていた。バビロニア初期の文献にも、ナツメヤシ、イチジク、リンゴ、ザクロ、マルメロ、アーモンド、ピスタチオ、ハスといった食材の名前が記されている。

アッシリアについては、紀元前2400年頃のアッカドのサルゴン［古代メソポタミアの王の名］による文章がいくつか残っている。そのなかのひとつに、アナトリア（現在のトルコ）からイチジクを持ち帰ったという記述がある。研究者のあいだでは、アッシリアですでに知られていた品種に加え、アナトリアの新しい品種を持ち帰ったという意味に解釈されている。またサルゴンは、シリアのエブラという都市を占領したという。この都市は現在も発掘中だが、大麦、小麦、オリーブ、イチジク、ブドウ、ザクロ、亜麻などの作物がすでに見つかっ

ハトホル女神に食物を捧げるファラオ・セティ。

3000年以上前のナイル川流域のイチジク。イチジクの形は間違えようがない。

ている。

ウガリットに残るヒッタイトの王室文書には、乾燥イチジク入りのケーキが登場し、チャールズ・アレン・バーニーの『ヒッタイト歴史辞典 *Historical Dictionary of the Hittites*』（２００４年）には、オリーブとイチジクとブドウがヒッタイトの儀式にたびたび登場するという記述がある。ある興味深い資料には、紀元前13世紀のヒッタイトの女王プドゥヘパが見た奇妙な夢が記録されている。夢のなかで、チーズとイチジクと干しブドウがカビのせいですっかりだめになったというものだ。

フリギア人に関する文献資料はあまりに少ない（碑文は全部で50本に満たず、そのほとんどが葬儀に関するものだ）。フリギア人は、古代地中海地域に存在した多くの民族のひとつで、後続のローマ人はイチジクの木を礼拝する儀式を行っていた。ギリシア人は、フリギア産の乾燥イチジクの甘さと品質のよさを知っていたものの、ギリシア語以外の奇妙な名前に対しては非常に神経質だった。そのため、彼らの共通の見解は、「ブリギンダラ地方のフリギア・イチジクは名前が野蛮だが、風味はアティック産のそれに匹敵する」というものだった。

トロイの人々に関する文書はまったく残っておらず、彼らの言語がヒッタイト語に近いのか、それともギリシア語に近いのかさえはっきりしていない。考古学者カール・ブレゲンは、トロイの最有力候補地であるヒサルリクでの発掘で、穀物とイチジクとオリーブの種を見つけた。また、イギリスの歴史家マイケル・ウッドによると、トロイの食生活を特徴づけるのは、油、穀物、イチジク、ワインだという。

エジプト考古学においては、エジプトでのイチジク栽培の起源は紀元前２７５０年頃とされている。だが、サッカラで第2王朝の葬儀の食事の一部としてイチジクを煮込んだ料理が発見されているので、もう少し前だと考えられるかもしれない。ヒッタイト人と同じく、エジプト人もイチジク入りのケーキやパンを好んだという。ベニハッサンにあるクヌムホテプの墓には、イチジクの収穫を描いたすばらしい絵が残されている（紀元前１９００年頃）。

食文化史家のベルナルド・ローゼンバーガーによると、古代アラブでは果物は本当の食材とは見なされておらず、軽食、あるいは単なる付け合わせだと考えられていたという。しかし、イチジクとブドウだけは例外だった。

古代ペルシャでイチジクが生産されていたことをはっきり示すような証拠はない。だが、『イラン百科事典 *Encyclopedia Iranica*』には、同時代の近隣のバビロニアやアッシリアでイチジク文化が知られていることから、ペルシャでもかなり早い時期にイチジクが生産されたのは間違いないと記されている。クセノフォンは、軍隊の行軍をテーマにした傑作『アナバシス』のなかで、行路で「たくさんのイチジク」を見つけたと何度も書いているが、これはペルシャではなくアジアのトラキアでのことだ。ギリシア人地理学者のストラボン（24年頃没）

は、カスピ海のすぐ南にあるヒルカニアでイチジクの栽培に成功したと報告している。ゾロアスター教徒は、イチジクを「外側も内側も食べられる10種類の果実」のひとつだと考えていた。ペルシャ王クセルクセスは、紀元前470年頃、アッティカ産のイチジクを常食していた。これは、自分がふたたびギリシアを征服したいのはなぜなのかを思い出すためだったという。ほろ苦い話だが、おそらく真実なのだろう。

第4章 ◉ 古代ギリシアのイチジク

ギリシア社会にイチジクが存在しない時期はなかった。ギリシア本土で初めてイチジクの栽培が行われたのは、おそらく紀元前900年頃だが、クレタ島ではそれより数世紀早いと考えられている。紀元前1500年頃のクレタ文化最盛期には、すでにイチジクは一般に知られ、神聖な食べ物だと見なされていたようだ。ギリシア神話には、イチジクを意味する言葉（συκή または *syke*）に由来する名前をもつタイタン［ギリシア神話で、ゼウスを中心とするオリンポス神族に先だって世界を支配していたクロノスをはじめとする神々の一族］が出てくる。その名をシケウス（Sykeus）といい、ゼウスに戦いを挑んだタイタンのひとりだった。タイタンが敗れたあと、シケウスは逃亡し、シケウスを守ろうとする母ガイア（大地の女神）によってイチジクの木に姿を変えられた。

ギリシア神話の第2世代には、フィタロスというアテネ人が女神デメテルを家に迎え入れ、そのお礼として女神から最初のイチジクの木を贈られたという話がある。こうした話は神話のなかでよくあることで、女神アテナがオリーブとオリーブ油をアテネに贈ったという話とよく似ているが、地理学者のパウサニアスによると、このイチジクの神話はフィタロスの墓の碑文によって裏付けられているという。その碑文とは次のようなものだ。

英雄であり王であったフィタロスは、ここにデメテルを迎えた。崇敬を集める女神デメテルが作物の最初の果実をつくっているときだった。人々はそれを神聖なイチジクと名付けた。そのことがきっかけとなり、フィタロスとその後継者たちは不滅の名誉を手にした。

プルタルコス〔ローマ帝国時代のギリシア人著述家〕は、テセウス〔ギリシア神話に登場するアテナイ（現アテネ）の王で英雄〕の時代、どのようにして羊毛に包まれたオリーブの枝からエイレシオーネと呼ばれる聖なるシンボルがつくられ、祈りの聖歌とともに行列をなして運ばれていたかを伝えている。聖歌はこううたわれる。

エイレシオーネ、イチジクをもってきてください。エイレシオーネ、パンをもってきて

エーゲ海沿岸のイチジクの木を写した牧歌的な写真。

ください。
容器いっぱいに入ったハチミツと、体をこする油と、強いワインが入った大びんをもってきてください。
そうすれば皆、陽気な気分で寝られます。

この聖歌は、地中海独特の豪華さと豊かさを魅力的かつ控えめに表現している。もちろん、パンやワインよりもイチジクの名が先に挙げられていることに私たちは気づくし、エイレシオーネに自分の願いを伝える、エーゲ海の楽園の素朴な喜びに心を打たれる。

またギリシアの伝説には、ヘシオドス［古代ギリシアの叙事詩人］らによって記録された予言者たちの戦いの物語がある。カルカス［ギリシアの神話・伝説上、トロヤ遠征に従軍したギリシア最高の占い師］がモプソス［ギリシア神話の予言者］に、鈴なりに実をつけたイチジクの木になっている果実の数を答えよと挑む。モプソスはその数を1万1個と言う。それから、イチジクを注意深く収穫して数えてみると、その数は……1万1個だった。

イチジクは、ギリシア本土ではもともと手に入りづらく、主に富裕層や宗教関係者が買う食物だったようだ。だが、のちの世紀には簡単に入手できるようになり、貧しい人々の主食となった。プルタルコスは、紀元前590年頃にソロン［古代ギリシアの政治家、詩人］がイチジクの輸出を禁じ、その法律が強力に施行されたという伝承を信じた。アッティカからイチジクを密輸しようとした者は、「イチジクを明かす者」(sykophantes) によって当局に通報されることになった。「密告 (sycophancy)」という言葉の語源である。

キプロスでイチジクが早くから重要視されていたことは、地名に同じ単語「syke」が使われていることからも明らかだ。アグラシカ (Aglasyka) という小さな村の名前は「優れたイチジク」を意味し、ファマグスタの近くにあるマクラシカ (Makrasyka) という有名な村は、トルコ語ではインジルリ (Incirli) という名前だが、どちらの言語でも「長いイチジク」という意味である。

ギリシア人は、女神アテナの贈り物であるオリーブを自分たちのアイデンティティとしていたが、イチジクが彼らのアイデンティティになったことも少なくないと、何人かの著述家が強調している。イチジクを食べる文明的なギリシア人と、「ワインもイチジクも知らない」野蛮なメデス人〔現在のイラン北西部に住んでいた〕を対比させた文献もある。また、紀元3世紀の『食卓の賢人たち』(アテナイオス著、柳沼重剛訳、京都大学学術出版会、第3巻) は、ギリシアのイチジクの栄光に関して多くのページを割いており、イチジクは木になる果実のなかで人間にとって最も有用だと信じていたヘロドトスの文章を引用している。また、マグヌスという男の「友よ、イチジクの木は人々をより文明的な生活へと導く道しるべである」

という言葉や、喜劇作家アンティファネスの「アッティカはハチミツ、パン、イチジクに関して他のすべての土地より優れている」という言葉も紹介している。この本において、イチジクは文明の頂点に位置する象徴的な食物として描かれている。

アテナイオスの著作には、イチジクの逸話がいくつも収録され、過去の著述家の言葉が数多く引用されている。ヘゲサンダー［古代ギリシアの歴史家］の話としては、アンキモルスとモスクスの話が書かれている。彼らはエリスに住む詭弁家で、成人してからは水とイチジクしか口にしなかった。ふたりとも他の男性と同様に健康で活力に満ちていたが、汗がとても臭く、公衆浴場では誰もが彼らを避けたという。アテナイオスは、イチジクは子どもの成長によい効果をもたらすと考えており、ヘロドトスの言葉をふたたび引用しながら、イチジクジュースを飲んだ子どもは大きく成長すると示唆している。また、ギリシア人が食べたイチジクの量が、他のすべての果物の消費量の合計を上回っていることに言及し、イチジクの消化のよさについても論じている。さらに、多くの文化において知られているギリシアのことわざも紹介している。「魚のあとにはイチジク、肉のあとには野菜」

アテナイオスはブレバとイチジクの区別を知っていて、アリストファネスやテオフラストスなどギリシアの著述家を引き合いに出して、イチジクの木は、その種類や樹齢によっては2回実をつけるという事実を説明している。

アテネの政治家、立法者のソロン（紀元前638年～558年）は、イチジクについて確固たる見解をもっていた。

ギリシア文学は、イチジクというテーマを通じて豊かなものになっていった。たいていの場合、イチジクには崇敬や歓喜の念が向けられる。ホメロスやヘシオドスは、イチジクの実ではなく木について語ることが多いが、『オデュッセイア』でオデュッセウスが冥界に下った際、タンタロスの心をくすぐったのは紫色のイチジクの果実である。

上にも下にも、彼の不幸な頭のまわりにも
さまざまな木々がおいしい実をつけた。
イチジクは空色を帯び、紫色に輝いている。
オリーブは緑に輝き、ザクロは光り輝く。

イチジク、オリーブ、ザクロ——ホメロスはこの3つがギリシア人の心をくすぐる果物だと考えた。しかし、「オリンピアン1 Olympian 1」という詩でこの話を扱ったピンダロス［古代ギリシアの詩人］は、タンタロスの心をくすぐったのはイチジクと洋ナシだとした。

シレノス［ギリシア神話の半獣神］がオデュッセウスに売ろうとしている食べ物のひとつにイチジクの果汁で固めたチーズがある。このことから、古代ギリシアの三大悲劇詩人のひとりであるエウリピデス（紀元前480〜406年頃）は、作品『キュクロプス』のなかでこの興味深い食品の製造技術について洞察している。現代のチーズ職人によると、これは果汁というよりも、イチジクの枝から出る白い樹液からラテックスであった可能性が高いという。

詩人のアルキロクスは、紀元前700年頃にキクラデス諸島のパロス島でイチジクが栽培されていたことを記している（そこでは現在も広く栽培が行われている）。また、クセノフォン（紀元前430〜354年頃）〔古代ギリシアの軍人・著述家でソクラテスの弟子のひとり〕は、『オイコノミコス　家政について』（リーベル出版）のなかで、ソクラテスがブドウ、イチジク、オリーブの栽培技術に大きな関心をもっていることを強調している。ソクラテスに助言したイスコマコスは、イチジクの実はひとつひとつ熟するタイミングが違うので、完熟した実を毎日、個別に収穫するのが理想的だと力説した。

アリストファネス（紀元前446〜386年頃）は、最も多くイチジクに言及したギリシアの作家のひとりだ。ほとんどの場合、彼は喜びだけでなくユーモアをもってイチジクに言及した。喜劇『アカルナイの人々』では、若い娘たちがイチジクに貪欲なことをこんなふうにからかっている。

おい、どいつもこいつもイチジクを欲しがって騒いでいるじゃないか。
誰かイチジクを部屋にもってこいよ。
この食いしん坊の豚ちゃんのために。
食べるかどうかはわからないけどな。
ヘラクレス様、見てください！　みんな、がつがつ食べていますよ！

「蜂」という作品では、少年が可憐な甘いイチジクを手に入れるために祈りを捧げていることが判明し、「雲」では主人公のストレプシアデスが自分の結婚生活をこう振り返る。淑やかな妻はいつも甘い香水をつけ、サフランの香りを漂わせているが、純朴な田舎者の自分は「熟したイチジクや新しい毛織物のように新鮮ですっきりした香り」で眠りにつくのだ、と。一方、「福の神」では、プルートゥスが「観客の拍手を誘うためにイチジクや甘いものを投げ入れるのは詩人らしくない」と語っている。そしてパナエティスは、「スーツ」のなかで、同じく独創的なイチジクのイメージを打ち出している。「財務大臣をむさぼり食うのだ。まるでイチジクのように、どれがまだ青くて、どれが熟していて、どれが種が弾けんばかりか、指で押して確かめながら」
ソロンがイチジクの輸出を禁止したあと、インドをはじめとする他文明の代表者がギリシ

太陽に向かって伸びる。

アリストファネスは劇のユーモアにイチジクを使った。

アのイチジクを求めた例は少なくない。紀元前3世紀、インドのマウリヤ王朝の王ビンドゥサーラはギリシアに宛てて、ブドウのシロップ、イチジク、哲学者の3つを要求する手紙を出した。その後、ビンドゥサーラのもとには、「ブドウのシロップとイチジクは喜んで送りますが、哲学者の取引はギリシアの法律に反しています」という丁寧な返事が届いた。

スパルタ支配の後期には、とくにリュクルゴスの支配下で、質素な食事と共同生活が規範として課された。プルタルコスによると、スパルタ人は15人で集団生活を送り、ひとりにつき毎月ブッシェル枡1杯分の食事、8ガロン［約36リットル］のワイン、5ポンド［約2・3キログラム］のチーズ、2ポンド半［約1・1キログラム］のイチジク、そして肉や魚を買うための少額資金を提供しなければならなかったという。スパルタの倹約時代にも、イチジクはギリシアの生活必需品のひとつであったことがうかがえる。

◉男根のイチジク

1908年、「エグレモン博士」名義による愛と性の俗伝（Volkserotik）に関する学術論文がドイツ語で発表された。この論文は、とくにイチジクに注目したものだった。著者は、イチジクが東洋の多くの国々、何よりも古代ギリシアにおいて、豊穣と繁殖のシンボルであることを示した。イチジクは酒の神ディオニュソスに捧げられ、ディオニュソスの祭りで運ばれる巨大な「ファロス」(男根像)はイチジクの木から彫り出されている。この像の名前は、ディオニュソスがプロシュムノスの墓に入れたとされるイチジクの木のファロスにちなんでいた。イチジクの性的な意味合いは、ギリシアやローマで普及していた卑猥なイチジクのジェスチャーのために広く知られることとなった。親指を人差し指と中指のあいだに差し込むこのジェスチャーは、イタリアでは現在も「ファール・ラ・フィカ」として使われており、ダンテの『神曲 地獄篇』では「双方の拳を女握《めにぎ》りして叫んだ(Le mani alzò con amendue le fiche)」というセリフで登場する。このイチジクのジェスチャーについては、最終章でもっと掘り下げることにする。イチジクに媚薬としての効果があることは、古代の社会で広く信じられていた。それは現代のトルコでも同じようで、少なくともイスタンブールの観光地では、乾燥イチジクが「トルコのバイアグラ」として華々しく宣伝されている。

第5章◉古代ローマのイチジク

ギリシア人と同じく、ローマ人もイチジクの果実と木を神聖視していて、とくに1年の始まりの日はイチジクを食べて祝った。オウィディウスの『祭暦』（紀元後8年）のなかで、ヤヌス神は、年明けに神々をなだめるためにナツメヤシと乾燥イチジクとハチミツを贈るのは、その年が甘く始まり、その後も甘く続くようにするための縁起担ぎだったと説明する。このような習慣は、ローマ神話特有の不器用で魅力的な機能主義の典型であり、驚くほど長きにわたって続くことになった。ジリアン・ライリーは、著作『オックスフォード・コンパニオンシリーズ――イタリアの食べ物 *Oxford Companion to Italian Food*』（2007年）のなかで、ローマ時代の習慣に触れ、ナツメヤシとイチジクはハチミツに浸して保存されていたと述べている。また、こうした古代の伝統は今でも大切にされていて、ナポリ周辺では月桂樹の葉に包んだイチジクを贈り合い、カンパニア州やアブルッツォ州では、アーモンドを詰めた乾燥イチジクを年明けにプレゼントするのが定番だと書いている。

ポッペア邸のフレスコ画に描かれたイチジク。オプロンティス。紀元前50年。

イチジクはイタリアでも十分に生育するが、南や東のもっと温暖な土地ではもっと熟すと考えられていた。古代ローマ人は北アフリカからイチジクを輸入することが多く、またプルタルコスらは大カトーがトーガから「リビア産」のイチジクをわざと元老院の議場に落とした話を伝えている。元老院議員たちがそのイチジクの大きさと美しさに感嘆すると、大カトーはさかんに同意し、そのイチジクがローマからわずか3日の航海で到着するカルタゴのものであることを指摘した。これは、カルタゴを滅ぼさなければならないという彼の常套句を強調するものだった。

ウェルギリウスは、『農耕詩』(紀元前29年頃)のなかではイチジクに触れていない。しかし、ウェルギリウスが樹木や接ぎ木について無知だったことは有名なので大きな損失ではない。イチジクのことは同時代のウァッロのほうがよく知っていた。ウァッロは、イチジクの文化がローマのパラティーノの丘の初期の生活様式の一部だったと考え、プリニウスと同様に、イチジクとミルクのあいだに密接な関係があると見ていた。ロムルスの聖なるイチジクの木は、乳の女神ルミナと密接な関係があった(そのイチジクの木は「フィカス・ルミナリス(ficus Ruminalis)」とも「フィカス・ロムラリス(ficus Romularis)」とも呼ばれていた)。その木とルミナが結びつけられた理由は、名前が似ていたこと、イチジクとミルクが食物として互いに代用できること、イチジクの木から流れ出る樹液とミルクとが似ていたことの3

つだ。どれもたしかに一理あるといえる。いずれにせよ、古代ローマでは、イチジクの実、イチジク材、そして聖なるイチジクの木は、宗教的な祝祭の特徴的な要素と見なされていたのだ。

貴族の執政官でブリタニアの統治者、そして皇帝の座を熱望していたクロディウス・アルビヌス（197年没）は、ローマ最盛期の野菜と果物を中心としたローマ式食生活（肉と乳製品を多用する野蛮な食生活とは対照的）を強く推奨していた。クロディウスは、朝食に500個のイチジク、1籠の桃、10個のメロン、20ポンド［約9キログラム］のブドウを食べるほど、貪欲に果物を食べていたという。本書を書くにあたって、私はさまざまな国に住む何人ものイチジク愛好家に相談したのだが、500個のイチジクを一度に食べるという話を聞くと誰もが真っ青になった。

ローマ人は、彼らの植民地、とくに地中海西部の島々にイチジクの栽培を広めた。たとえばコルシカ島とマヨルカ島の地元資料には、イチジクの収穫の起源はローマ時代にさかのぼると記されているし、マヨルカ島の農家は、風で落ちた果物や日干しイチジクを豚に与えるローマ時代の習慣を今日にいたるまで続けている。それが豚肉の風味を最高のものにすると信じているのだ。

多くのローマ人作家が、さまざまな文脈でイチジクについて書いている。マルクス・アウレリウスは、パンやイチジクやオリーブが食べ頃になったときのことを嬉しそうにこう記している。

たとえば、パンを焼くと表面の一部が割れてしまう。この割れた部分は、パン職人の望んだものではないものの、独自の美しさと魅力をもっており、食べたいという欲求を掻き立てる。同じように、イチジクは完熟してぱくりと口を開けた裂け目が、熟したオリーブは腐る一歩手前が、特別な美しさを発するのだ。

すでに引用した著述家たちは、気軽で親しみやすい書き方でイチジクに言及している。たとえばオウィディウスの著作には、イチジクに関する記述が多数あり、たいていは乾燥イチジク、ときには乾燥ナツメヤシと混ぜた乾燥イチジクが登場する。大カトーの『農業論』(紀元前160年頃)には、最高品質のイチジクの生産方法に関する助言が満載だ。ウァッロはイチジクとスペルト小麦でつくったケーキについて語り、ミツバチがイチジクからつくるハチミツ(イチジクの木は花を咲かせないのでじつに不思議なことだ)は、たとえばクローバーからつくる最高級のミツバチと比べると味気ないと繰り返し述べている。ミツバチがイチジクからハチミツをつくるという記述は、私が知るかぎりこの本にしかない。

キケロが、ローマの政治において駄洒落やお告げがいかに重要だったかを語ったことは有名だ。紀元前55年、マルクス・クラッススが軍事遠征（やがて大失敗に終わることになる）のためにブリンディジを発とうとしたところ、イチジク売りが「カウネアス（Cauneas）」（カウネア産のイチジク）と叫びながら近づいてきた。キケロは、クラッススがこのイチジク売りの叫び声（カウェネアス〔Cave ne eas〕。「行くな」の意）から駄洒落めいたお告げを読み取るべきだったと述べた。もし、その警告を聞き入れていたら、ローマの歴史は変わっていただろう、と。

イチジクに最も詳しいローマ人の作家は大プリニウスだった。大プリニウスは、自然、技術、文化の世界を網羅することを目指し、75年頃に膨大かつ百科全書的な『博物誌』を著した。イチジクに関する記述に数章を割き、カプリフィケーションについてもいくらか知識を披露した。１８５５年のボストックとライリーによる有名な翻訳にはこう書いてある。

イチジクは、ナシ状果のなかで唯一、自然が用意した驚くべき方法で成熟が進む。「カプリフィカス（カプリイチジク）」という名で知られる野生のイチジクは、自らが熟すことはないが、他の木を熟させることができる。私たちがたまたま目撃しているのは、自然が運搬したものが原因で崩壊が始まり、崩壊から新たな自然が生まれるさまだ。こ

イチジクとパン、ローマのフレスコ画。

の目的を達成するために、野生のイチジクの木は小さな昆虫の一種を生み出す。この虫は、親である木からすべての栄養を奪い、木が腐敗と崩壊へと向かう瞬間に飛び立ち、類似している栽培種の木に飛んでいく。そこでイチジクをむさぼるように食べて突き進み、内部にまで入り込んで果実に穴をあける。虫が侵入した瞬間に太陽の熱も入り込み、その隙間から受精させる空気が送り込まれる。

果実そのものを描写した大プリニウスの表現は今でも比類がない。

すべてのイチジクは触ると柔らかく、熟すと内部に粒々が入る。実が熟したときの果汁はミルクの味がし、完熟したときはハチミツの味がする。木になったままにしておくと古くなり、そのまま放置するとガムのような液体が流れ出てくる。上質なイチジクは乾燥のために保管され、最高の種類であれば籠にしまわれる。エブスス島のイチジクは最高級でサイズも最も大きく、その次がマルチヌムのものである。イチジクが豊富にあるところ、たとえばアジアでは巨大な壷に詰められる。アフリカの都市ルスピナでは似たような目的で樽が使用されているのが見られ、そこではイチジクは乾燥した状態でパンの代わりとして、または一般的な食料品として広く利用されている。

ウサギとイチジク、79年のヘルクラネウムのヴェスヴィオ火山の噴火にも耐えたフレスコ画。

大プリニウスのこの文章にはふたつの新しい考え方がある。ひとつは、論争の種である「最高のイチジク」という称号は、エブスス島（現在のイビサ島）のイチジクに属するという意見。もうひとつは、ローマ人が乾燥や保存のために取り分けるイチジクが最高品質のイチジクだという意見である。これは他の古代文化ではもちろん真実ではなかった。イチジクが豊富で、大きな樽に入れてパンの代わりに広く利用していたというルスピナは、現在のチュニジアのモナスティールという保養地で、カルタゴ（フェニキア語でカルト・ハダシュト）の旧跡からそう遠くないところにある。

ローマで最も知られた料理家アピキウスは、ティベリウス帝の時代に実在した可能性もなくはないが、後世の料理本のために都合のよくでっちあげられた可能性のほうが高い。アピキウスは、味覚の入念なマッチング（ガストロノミーの本質）を早くから提唱し、ゆでたハムや焼いたハムにイチジクを添えることを勧めた（「イチジクと月桂樹の葉（ローリエ）と一緒にハムをゆで、ハチミツをすりこむ」）。また、ガチョウや豚の肉の風味をよくするために、餌としてイチジクを与えることも勧めた。アピキウスはイチジクのワインを愛飲しており、飲むだけでなく料理にも使っていた。たとえば、ディルシード、乾燥ミント、マスタード、酢で風味をつけたイチジクのワインで鶏肉をゆでることを推奨している。

風刺作家ユウェナリスの作品には、イチジクを題材にしたものが多い。『第3風刺 *Satire III*』では、「成り上がり者が自分の上に座っている」という状況を辛辣に描写しているが、これは、少し前まで甲板の下で腐ったイチジク（おそらくナポリかシチリアでとれたもの）に囲まれてローマまで航海していた人物を描いたものだ。また、別の風刺では、ローマ版のフォアグラに言及し、ガチョウにイチジク、水、ワイン、ハチミツでつくったペーストを肝臓が大きく膨らむまで無理やり食べさせたというエピソードについて語っている。イチジク、ワイン、ハチミツで風味をつけたパテは非常に美味とされた。今日にいたるまでのフランスと同じく、古代ローマでも生のイチジクを添えて食べられていたのかもしれない。

ローマ帝国が衰退期に入ると、コルメラ［ローマの代表的な農学者］（4～70年頃）がさらに洗練させた料理について報告している。奴隷があらかじめ噛んでおいた乾燥イチジクを食べさせた焼きツグミのレシピである。

これと同様の退廃の精神に基づき、ペトロニウス・アルビテル（27～66年頃）は、『サテュリコン――古代ローマの諷刺小説』のなかで、男色に走る夫をもつ妻への助言という異色のテーマのためにイチジクを用いた。その助言とは、夫の好みのものを提供するのではなく、夫の若いボーイフレンドを見て見ぬふりをするようにというものだった。

彼らは妻が与えないものを与えている。「夫の愛が私のベッドからさまよい出るくらいなら、その願いを聞き入れます」とあなたは言うだろう。あなたの夫にとって、あなたとボーイフレンドはまったく別の存在だ。私がほしいのはヒオス島のイチジクであって、風味のないイチジクではない。そしてあなたのイチジクには風味がないのだ。分別のある女性や妻は自分の立場をわきまえなければならない。

いかがわしい内容と不快な語調についてどうこう言うつもりはないが、ヒオス島のイチジクが至高の喜びの象徴として使われているのは興味深い（ガイドブックには今でも、ヒオス島の名物は乳香とオリーブとイチジクだと書かれている）。

最後に、肛門性交から殺人に話を移そう。ローマ時代に起きた2つの有名な死は、イチジクと密接な関係にある。最も有名なのはクレオパトラの話だ。マルクス・アントニウスの死後、クレオパトラは自分も死ぬしかないと考え、エジプトコブラに噛まれて自害することを選んだ。その際、コブラはイチジクの入った籠に入れられ、彼女のもとに届けられたという。

一方、クレオパトラの敵だったアウグストゥス（旧名オクタヴィアヌス）の死については、不確かな部分が多い。カッシウス・ディオとタキトゥスは、アウグストゥスの妻リウィア（Livia）がイチジクを利用してアウグスティヌスを毒殺した（アウグストゥスのイチジク好きは有名だった）という噂を信じた。カッシウス・ディオは、アウグストゥスが所有する木に実っていた最高級のイチジクにリウィアが毒を塗るようすを描いている。アウグストゥスの不可解な死にまつわる噂が広まったのは、クレオパトラの死にイチジクが関与していたからかもしれない。だが、大プリニウスは異なる可能性を示唆している。彼の説は、リウィア自身がイチジクの偉大な専門家で、ローマに新しい品種を持ち込み、それが「リヴィア（Livia）」種のイチジクとして知られるようになった、というものだ。

第6章◉中世ヨーロッパの十字軍兵士とイチジク

地中海沿岸のイチジク栽培地域は、中世になってから急激に拡大した。理由のひとつは、ムーア人がイベリア半島を征服したことだろう。これによって、気候が非常に適したスペインとポルトガルで大規模なイチジク生産が行われるようになり、イチジクはまたたく間にイベリアの食生活に欠かせない存在となった。後述するヘンリー8世の家計簿では、王に1籠のポルトガル産イチジクが贈られたと記されている。

スペインやポルトガルに広まったことで、地中海沿岸地域全体がイチジク栽培地帯となった。そのため中世後期には、オリーブの栽培地帯（社会史家のフェルナン・ブローデルが「地中海地方」の重要な定義として用いた）とイチジクの栽培地帯がほとんど一致するようになった。唯一の違いは、イチジクがその原産地アラビアとメソポタミアでも広く栽培されつづけていることだった。

ブリュッセルの大聖堂のステンドグラスに描かれた、行進する十字軍の兵士たち。

14世紀の彩色写本『*Tacuinum Sanitatis*』から、イチジクを摘むようす。

アやシドンのようないくつかの町を東洋の故郷と見なしたりするようになった。十字軍の記録でも、彼らが占領していた土地のみずみずしい果物や、レバンテの果樹園について頻繁に言及されることになる。1187年から1192年にかけてのサラディン（サラーフ・アッディーン）［エジプトのアイユーブ朝の創建者。十字軍との戦いに勝利し、聖地エルサレムを奪還した］の勝利は、住み着いていたフランジの多くの戦士にとって、楽園からの追い立てのように思われた。

地中海沿岸地域は長く西洋の手中に落ちた。とくにティルスとアクレ周辺の土地は、ドメニコ・ミキエル総督（1130年没）のヴェネツィア艦隊の勝利以降、ヴェネツィア人の入植者に占拠された。レモン、オレンジ、アーモンド、そしてイチジクの果樹園はヴェネツィア人の手に渡ることとなった。ティルス周辺をはじめとする地域では、ヴェネツィア人のイチジク栽培者が名を成していったが、果樹園を所有できるのは少数の幸運な者たちだけで、ほとんどの十字軍兵士は、思い出とともに北へ帰らなければならなかった。

十字軍の兵士たちが近東の香りと味に夢中になったことは、さまざまな証言や年代記で語られている。近東のレモン、オレンジウォーター、ローズウォーター、タマリンドが彼らの舌を魅了したのだ。このような味覚との出会いによって、奇妙な遺産がいくつかできた。なかでも最も奇妙なのは「ブラウンソース」（おそらくHPソースというブランド名で最もよ

レバントの皿を飾るイチジク。

く知られている）だろう。今では、フル・イングリッシュ・ブレックファストによく添えられているが、もともとはタマリンド、東洋の果物、スパイス、砂糖、酢などを混ぜ合わせた不思議なもので、十字軍の兵士たちはこれを「すばらしい新たな味」と感じたのだ。

十字軍の兵士たちは、未知の味の組み合わせと未知の風味の両方に魅了された。現在のブラウンソースやクリスマス・プディングに見られるような無骨で強い味の混ぜ物もあれば、子羊肉に甘いミントソースをかけるような思いもよらない組み合わせもあり、ローズウォーターと生のイチジクのような軽くて上品な味もあった。十字軍は、無骨なものから繊細なものまで、これらのエキゾチックな風味を渇望し、北へ運ぶことを望んだ。そのために輸出入のルートをつくり、スパイス、アーモンド、ナツメヤシ、砂糖漬けの果物を輸送できるようにした。しかし、非常に傷みやすい生のイチジクの運搬には使えなかった。楽観的な帰還兵たちのなかには、イチジクの木を北へ運ぶ方法を検討する者も現れた。こうして、イチジクの木を北国の冬から守り、夏の弱い日差しを最大限に浴びさせる試みが始まったのだ。

やがて、北ヨーロッパの庭園の雨風から守られた南向きの一角に、イチジクの木が植えられるようになった。よく挙げられるのが、ドイツのディジボーデンベルク修道院の庭園の例だ。植えられているイチジクやその他の外来種は、十字軍の影響によるものだと考えて間違いないだろう。修道院は、イチジクの木と特別な関係をもつようになった。イングランドでも、ランベス宮殿［カンタベリー大主教のロンドンの居住地］のイチジクの木はポール枢機卿が1520年代頃に植えたとされ、クランマー大司教の領地のイチジクの木はイタリアから輸入し、1530年代に大司教が自ら植えたと伝えられている。

1257年という古い時代のイングランドの資料に、注目に値するものがある。その年はじつに過酷な天気で、セント・オールバンズ修道院のベネディクト会のマシュー・パリス修道士は、「イチジクの木はほとんどだめになった」と報告している。この言葉は――とくに「ほとんど」という言葉は――だめになったイチジクの木が相当数あったことを示唆している。これが私たちの知るイングランドの最も古い資料であることから、この少し前に植えたことが被害の一因となった可能性や、十字軍兵士がイチジクを持ち込んだことを最初に示した文書である可能性が見えてくる。

書面での証拠ではないが、イチジクに関するもっと昔の話がイングランドに伝わっている。地元に古くから強固に残る言い伝えによると、ワージング近郊の「ターリング・フィグ・ガーデン」に生えている「ホワイト・マルセイユ」というイチジクの木は、トマス・ベケットがカンタベリー大司教になった1162年頃に最初に植えた木の子孫だというのだ。ベケットは十字軍と密接な関係にあり、彼を殺害した者たちは懺悔のためにパレスチナに十字軍として送られ、そのうちの何人かはエルサレムに埋葬されたと言われている。

14世紀の彩色写本『Tacuinum Sanitatis』から、乾燥イチジクの売り手。

この時代（12世紀から15世紀まで）を通じて、大都市はすなわちイチジク都市であった。ヨーロッパには、イスタンブールやカイロに匹敵する人口の都市は存在しなかった。イスタンブールとカイロは西洋と近東世界の二大中心地であり、さらにアレッポ、ダマスカス、チュニスも同規模の都市国家、市場の中心地であり、ヴェネツィア、フィレンツェ、パリにとって重要だった。つまり、地中海を中心とした世界の市場構造は、イチジク（とくに乾燥イチジク）の輸出入にうってつけだったというわけだ。ただし、問題もあった。戦争と同盟、貿易ルートと輸送手段である。これらの問題が改善される速度は非常に遅かった。1180年代にはすでに、最も賢明な統治者といわれるサラディンが、ヴェネツィアや他のキリスト教都市国家と貿易協定を結び、論争を巻き起こしていた。西洋の教会とサラディンの領地内のイスラム強硬派はこの貿易に激怒し、何世紀にもわたって宗教的偏執はイチジク貿易にとって輸送と同じくらい大きな問題となった。

◉十字軍兵士を誘惑した神話

1305年頃、十字軍兵士で記録家のジャン・ド・ジョインヴィルは、尊敬を集めるフランス王ルイ9世の伝記を書いた。そのなかに、ナイル川の漁師が網を張り、ショウガ、ルバーブ、アロエ、シナモンなどの異国の農産物を引き上げたという記録がある。ジョインヴィルの言葉を引用すると、「これらの物は地上の楽園から流れてくると言われている」という。彼が本当に、エデンの園がナイル川の上流にあり、その農産物が大河によって北へ運ばれると信じていたかどうかは定かではないが、12世紀から14世紀にかけては、このような神秘的でエキゾチックな東洋の半神話的説明がいたるところで見られた。フランスの歴史家ジャック・ル・ゴフが「夢の地平線」と表現したように、このすばらしき遠方の地には楽園のイメージがあり、とくに食物にそのイメージが強かったのだ。

十字軍の兵士たちはこの神話に誘惑された。彼らのなかには、アクレやティルス周辺のパレスチナの地に、レモン、オレンジ、アーモンド、イチジクなどの果樹園をもとうとした者もいた。だがその後、そうした人々の多くは、このエキゾチックで遠い夢の楽園を故郷の北ヨーロッパに持ち帰る方法を見つける必要に迫られることとなった。

第7章◉世界各地の近代史

近代に入っても、北ヨーロッパではイチジクはめずらしいものだった。いくつかの宮殿や修道院にはイチジクの木が植えられていたが、実がうまく熟さないことが多かった。トーマス・タッサー［16世紀のイングランドの詩人で農民］やフランシス・ベーコン［イギリスの哲学者］の著作にはイチジクはまったく登場せず、同時代の著述家の何人かは、イングランドでイチジクを完熟させるのがいかに難しいかについて書いている。

ヘンリー・フィリップスは、その優れた著作『果樹園の手引 *The Companion for the Orchard*』（1831年）のなかで、「過去においても現在においても、イングランドでイチジクが生育することは難しいだろう」といったことを書いている。ただし、壁に囲まれて保護された一角や植物園では、ときどきみごとなイチジクが育つ。彼はこのことを次のように書いた。

キュー王立植物園には、長さ50フィートのイチジクハウスがある。エイトン氏の管理のもとで、この果実はとてもよく育っている。エイトン氏が最も頼りにしていたのは2番果だったようだ。1810年には、イチジクハウスから王室の食卓に200籠を超えるイチジクが届けられたが、そのうち50籠が1番果、150籠が2番果だった。エイトン氏は1月にこの果実を熟させたこともあった。故シャーロット王妃の誕生月の18日には、最高級のイチジクを宮殿に献上した。

イギリス、フランス北部、そして北ヨーロッパ全域にとって、イチジクを手に入れられるかどうかは輸送にかかっていた。輸送が困難であるかぎり、イチジクはめずらしくて贅沢な農産物のままだった。しかし、輸送が改善されたり、イチジク生産国と軍事同盟を結んだりしたことで、イチジクは少しずつ手に入りやすい果物になっていった。

南ヨーロッパでは、ローマ帝国が滅亡する頃には、地中海沿岸の国の大部分でイチジクが栽培されていた。その後、ムーア人の征服により、スペインやポルトガル、北アフリカにまでイチジクの栽培地域が広がった。やがてスペインとポルトガルは、イタリアやギリシアよりも重要な栽培国になった。イチジクはフランス南部でよく育ち、トーマス・ジェファーソンは1787年にマルセイユとトゥーロンを訪れた際、フランスのイチジクが最も繊細な

クロアチアの屋台に並ぶイチジク。

味わいをもっていると述べた。

イチジクはスペインから南北アメリカ大陸に渡った。新世界に残る最も古いイチジクの木は、リマの総督官邸にあるフランシスコ・ピサロの木だと言われている。おそらく1540年頃に植えられたものだ。メキシコに伝わったのは、おそらく1530年代にエルナン・コルテス［スペインの探検家、メキシコ征服者］が持ち込んだからだろう。ほどなくしてメキシコとカリフォルニアがイチジク生産に適した気候であることがわかった。

スペイン人は15世紀以降、カナリア諸島の新しい植民地にもイチジクの木を持ち込んだが、そのときすでに、その地にはイチジクが存在していた。ラス・パルマス・デ・グラン・カナリア大学の考古学者ハコブ・モラレスによると、スペインによる征服以前にイチジクがグラン・カナリア島とテネリフェ島に伝わっていたことは確かで、考古学的証拠は6世紀までさかのぼるという。モラレスは、イチジクの種子は、発掘された人類の遺跡の周辺だけでなく、(決定的な証拠として）人間の虫歯の穴からも発見されたと報告している。カナリア諸島を訪れたとされる（そしておそらく天国のようなアトランティス神話を生み出した）海洋国家の歴史を考えると、この年代はフェニキア人にとっては遅すぎるし、ノルマン人にとっては早すぎる。そうなると、イチジクを「幸運の島」に持ち込んだのは、カルタゴ人またはローマ人の可能性が高いといえる。

中世のイングランドでは、イチジクは地中海のエキゾチックな果物として捉えられていた。シェイクスピアにとってこの果物は「スペインのイチジク」（『ヘンリー5世』第3幕第6場）だった。また、イチジクをエジプトに関連づけ、侍女チャーミアンに「私はイチジクよりも長生きが好きです」と言わせている（『アントニーとクレオパトラ』第1幕第2場）。この頃、イエス・キリストがベタニアに向かう途中にイチジクを食べたがったという話から、パレスチナのイチジクと結びつき、中世のイングランドでは四旬節〔復活祭前の40日間をいう〕の日曜日にイチジク・プディングが食べられるようになった。

イングランドの古文書資料には、14世紀半ばから15世紀にかけて、イングランドでイチジク（おそらくは乾燥イチジク）がさかんに輸入されていたことが記されている。サンドウィッチやエクセターなどの港（いずれも当時は今よりはるかに重要な港とされていた）には、イタリアを筆頭に、各国からのイチジクの積荷が記録されている。また、もっと高貴な古文書、すなわちヘンリー8世の国王手許金帳を見れば、ウォーズリー氏から王にポルトガル産イチジクが贈られた記録が残っている。これらは生のイチジクであった可能性が高い。たしかに、王の前に供するのにふさわしい珍味だ。

中世以降、イチジクは古代ギリシアやローマの社会で担っていた役割をヨーロッパ社会でも果たすようになった。地中海沿岸地域だけでなく北ヨーロッパでも、祭事、とくに秋と冬

マラガのピカソ美術館にある多幹のイチジクの木。

の祝祭の果実として使われるようになったのだ。

イングランドでは、イチジクはチャールズ・ディケンズの時代以後のクリスマスで、食卓に並ぶ代表的な果物になった。クリスマスツリー、クリスマスの靴下、サンタクロース、ティンセル［クリスマスツリーに飾るキラキラしたモール］、雪に覆われた庭のコマドリの絵とともに、乾燥イチジクはクリスマスに欠かせないものだ。19世紀から20世紀にかけてのイングランドの多くの家庭では、乾燥イチジクはクリスマスとその翌日にしか食べられなかった。ディケンズと同時代の人々は、１８３０年代のイングランドにおいて、乾燥イチジクにランクをつけるなら、トルコ、イタリア、スペイン、プロヴァンスの順だったと述べている。

ディケンズが名声を博すよりずっと前から、イチジク・プディングはイングランドのクリスマスのごちそうとして定着していた。家庭によっては今でもそうかもしれない。２００８年のクリスマスが近づくと、伝統的なイングランドを大切にする『デイリー・テレグラフ』紙が「イチジク・プディングはクリスマスが戻ってくるのを歓迎する」という見出しの記事（２００８年12月12日付）を掲載した。記事の内容は次のようなものだ。

16世紀以降、イチジク・プディングはクリスマスの食事の最後に登場するのが慣例になったが（『クリスマス・キャロル』のボブ・クラチットの食卓にも登場する）、かつては棕櫚の主日〔四旬節最後の日曜日〕に供されていた。

クリスマスで最も有名なイチジク・プディングの祝賀は、よく知られた「クリスマスおめでとう（We Wish You a Merry Christmas）」という歌からもちろん来ている。16世紀につくられたこの歌は世俗的な賛美歌といわれ、最もクリスマスらしいリフレインは次のとおりだ。

イチジク・プディングをくださいな
イチジク・プディングをくださいな
イチジク・プディングをくださいな
カップ一杯の励ましも

『デイリー・テレグラフ』紙の内容が完全に正しいかどうかはわからないが、真実からかけ離れているわけではなさそうだ。民間伝承や習慣に関する資料では「イチジクの日曜日」〔棕櫚の主日の別名〕（「フィグパイ・ウェイク」とも呼ばれる）が四旬節の日曜日に行われたと言及されている。なかには、復活祭直前の日曜日であると特定している資料もある。また、イエス・キリストがベタニアへの道中で出会った、実がなっていないイチジクの木の不思議な話と関連づけて、四旬節のもっと早い日曜日と推定している資料もある。

伝統的なイチジク・プディングやイチジク・パイがなぜ四旬節ではなくクリスマスと結びつけられるようになったのか、その理由はわかっていない。植物園のイチジク以外は実をつけない四旬節の時期、イエスは実のなっていないイチジクの木を呪ったという。この話から考えても、四旬節の日曜日とイチジク・プディングとの関連性は薄いのかもしれない。むしろ収穫祭のように、秋に熟した作物を祝うためにイチジクが用いられたと考えられるだろう。呪いの祭典はめったにない。イチジク・プディングをクリスマスに食べるようになったのは、実用的にも季節的にも理にかなっている。こうした理由から、聖書との関連性はくつがえされたのだろう。

●カリフォルニアのイチジクコバチの話

カリフォルニアでイチジクの木が最初に植えられたのは、一般的に1769年とされている。フニペロ・セラ神父率いるフランシスコ会の宣教師たちがサンディエゴに伝道所を設立し、ババ・カリフォルニアから果樹を移植したのが始まりだ。その後、南カリフォルニア沿岸の伝道所にも同種であるスペイン・メキシコのイチジクが植えられ、ブラック・ミッションという品種名で知られるようになった。1798年、フランスの航海者ジャン・フランソワ・ド・ガロ・ラ・ペルーズが、フランスからカリフォルニアに向かう船上に持ち込まれた果樹のリストを作成したが、そのなかには3種類の白イチジク、2種類のアンジェリーク、2種類の紫イチジクが含まれていた。1792年にはサンタクララの、1793年にはベンチュラの伝道所の庭で、ジョージ・バンクーバーによってイチジクの木が記録されている。30年後のサンガブリエル伝道所の庭には、イチジクの木が何本も見られた。カリフォルニアに早くから持ち込まれたブラック・ミッションやその他の品種は、結実するために受粉を必要としないタイプのイチジクである。ブラック・ミッションのイチジク（アドリアチック種）は、とくにサンディエゴやサンタクララ近辺で大繁殖したため、カリフォルニアの生産者は他の品種――ヨーロッパ系品種やトルコ系品種――のイチジクの輸入が始まると、同じようにたくさん実をつけるだろうと勘違いしてしまった。

19世紀後半、カリフォルニアでは、多くの立派なイチジクの木（とくにスミルナ種）が実をつけず、輸入業者が仰天する事態となった。イチジクは熟す前に木から落ちてしまい、トルコタイプの大量の熟した実を期待していたイチジク栽培者たちを絶望させた。1880年代は、カリフォルニアのイチジクにとって最悪の10年であり、輸出先のもうかる市場を妬んだトルコ人がわざと実をつけないイチジクの木をカリフォルニアに送ったのではないかという疑念が強まった。

しかし本当の理由は違っていて、一部のイチジク専門家のあいだではすでに知られていたが、それを受け入れることには深い抵抗があった。その理由とは、1880年代にカリフォルニアに輸出された、トルコの優良品種を含む多くの種類のイチジクの木が、イチジクコバチの介入による受粉を必要としているというものだ。しかしカリフォルニアの人々は、トルコの農民の知識や習慣（イチジクコバチを手で果実に差し込むことを含む）を後進国の迷信と見なしており、トルコの昆虫をアメリカに輸入することにも反対していた。

1890年代は、イチジクコバチの役割について激しい議論が交わされた時期であった。*blastophaga*というすばらしい学名をもつこの小さな昆虫の役割や、「カプリフィケーション」（イチジクコバチの介入によるイチジクの受粉と成熟）の技術について、学術的な論文が発表された。カリフォルニア産イチジクの完熟への道を大きく妨げたのは、1892年にイタリアのイチジク専門家の故グリエルモ・ガスパリーニ（1866年没）の影響力のある論文が出版されたことだった。論文のなかで、トルコの農民の習慣はこのように非難された。「カプリフィケーションは果実の着果や熟成には無用で、経費がかさむだけであり、イチジクの風味を損なうこの習慣は、われわれの農業から廃止すべきである」

イタリアのイチジクとトルコのイチジクの熟し方が違うということは、長きにわたる研究を経てようやく理解されはじめた。ギリシアのイチジクはトルコの品種に似る傾向があり、アリストテレスやテオフラストスといったギリシアの高名な著述家は、紀元前4世紀からカプリフィケーションについて述べてきた。当初はガスパリーニ教授の助言に従うことにしたカリフォルニアの専門家たちも、この事実を認めないわけにはいかなかった。

20年にわたる議論の末、1900年頃になってようやく、カリフォルニアでカプリフィケーション提唱者が勝利を収めた。カリフォルニアの園芸家たちは、どんな果実の属にも受粉を必要とする品種とそうでない品種があることをよく知っていた。なぜなら、カリフォルニアですでに繁殖していたさまざまなオレンジも、まさにそうした特徴を備えていたからだ（フレズノ近郊で栽培されているワシントン産ネーブルオレンジは受粉させる必要がないが、より広く普及している晩生のバレンシアオレンジはそうではない）。しかし、イチジク栽培農家は、同じ考え方を自分たちの作物に適用することになぜか抵抗した。その結果、ロブ・インジルをはじめとするスミルナ種のイチジクは結実せず、カプリフィケーションを始めるまで（1890年代は小規模に、1900年からは商業的に）、熟したイチジクを生産することができなかった。

イチジクコバチが最初に大量輸送され、アメリカに到着したのは1898年3月のこと。

イチジクの上部に潜り込んで活動するイチジクコバチ。

皮肉なことに南イタリアのナポリ近郊からであった。しかし、おそらく到着した時期が遅すぎたせいで、イタリアのイチジクコバチは受粉を成功させることができなかった。翌年、アルジェリア産のイチジクコバチの荷が到着した。事前に農務省の職員がアルジェの植物園を特別訪問しており、さらなる受粉の成功が始まった。イチジクコバチはカプリイチジクの中に入ったままアルジェリアから輸送されたが、幸いにもカリフォルニアの気候はイチジクコバチの生態に合っていた。1899年から1900年にかけての冬、アルジェリアからやって来た何千匹ものイチジクコバチがカリフォルニアで春を迎え、ロブ・インジルの木のまわりを飛び回っていることが報告された。1899年には、農務省の「農業探検家」に任命されたW・T・スウィングルも、ギリシアのイチジクコバチを輸入して成功を収めた。

1901年には、カリフォルニアでカプリフィケーションによるイチジクが大量に生産されるようになった。1908年、スウィングルはカプリフィケーションの勝利に関する学術書を出版し、1920年代には、カリフォルニアでカプリフィケーションをしたイチジクが毎年何千トンも収穫された。1898年の時点では、イタリアの聴衆にカプリフィケーションの考えを披露したスウィングルは公衆の面前で笑いものにされたのだから、この成功は彼にとって特別なものだったに違いない。1900年頃からカプリフィケーションは王道の方法として認知された。イチジクコバチもトルコのイチジク農家も、ついに名誉を

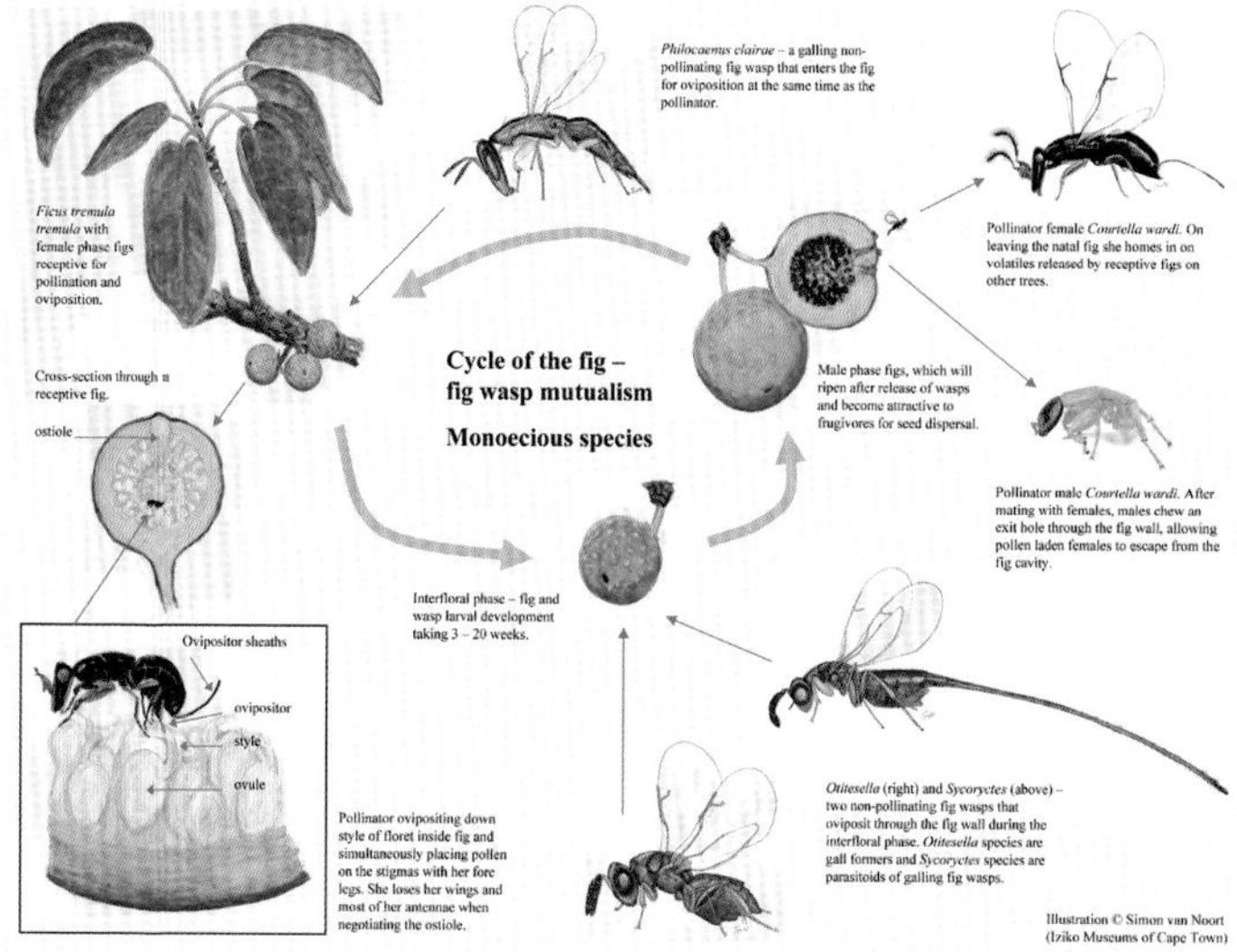
Philocaenus clairae – a galling non-pollinating fig wasp that enters the fig for oviposition at the same time as the pollinator.
Ficus tremula tremula with female phase figs receptive for pollination and oviposition.
Pollinator female Courtella wardi. On leaving the natal fig she homes in on volatiles released by receptive figs on other trees.
Cycle of the fig – fig wasp mutualism
Monoecious species
Cross-section through a receptive fig.
ostiole
Male phase figs, which will ripen after release of wasps and become attractive to frugivores for seed dispersal.
Pollinator male Courtella wardi. After mating with females, males chew an exit hole through the fig wall, allowing pollen laden females to escape from the fig cavity.
Interfloral phase – fig and wasp larval development taking 3 – 20 weeks.
Ovipositor sheaths
ovipositor
style
ovule
Otitesella (right) and Sycoryctes (above) – two non-pollinating fig wasps that oviposit through the fig wall during the interfloral phase. Otitesella species are gall formers and Sycoryctes species are parasitoids of galling fig wasps.
Pollinator ovipositing down style of floret inside fig and simultaneously placing pollen on the stigmas with her fore legs. She loses her wings and most of her antennae when negotiating the ostiole.
Illustration © Simon van Noort (Iziko Museums of Cape Town)

イチジクとイチジクコバチが繰り広げる壮大なライフサイクルを描いた図。ケープタウンのイジコ博物館作成。

取り戻したということだ。

カリフォルニアのカプリフィケーションの成功を受けて、南半球で適した気候の土地が多数選定され、南アフリカ、オーストラリア、アルゼンチン、チリでイチジク栽培が商業的に導入された。「南アフリカのイチジクの首都」は西ケープ州のクラインカルーで、観光客はこの土地の果樹園でイチジク三昧の休暇を過ごすために部屋を予約できる。しかし、幹が何本もあるワンダーブーム種のイチジクの木（アフリカで最も有名な樹木とされている）は、栽培種の果樹ではなく、野生の柳葉のイチジクである。

カリフォルニアのイチジク産業は成功していたが、1960年代後半までは比較的小規模であった。1967年の第三次中東戦争の影響で、原産地からアメリカおよび西洋へのイチジクの供給が激減していたためである。カリフォルニアのイチジク農園は、1968年から1971年にかけて2倍以上に増加した。

園芸方法や交配の改善と、より丈夫な新種の誕生によって、イチジクの木が生育できる土地はかなり広がった。今ではイングランドの野外で育ったイチジクを食べることも可能だ。たとえば、ライム・リージスのクリフ・コテージの庭には、名物「コブ」を見下ろすようにして、実のなりが非常にいい「ブラウン・ターキー」の木がすくすくと育っている。ボブ・フラワーデュー［イギリスのオーガニック・ガーデナー］は『グルメな庭師 *The Gourmet Gar-*

dener』（2005年）のなかで、ブラウン・ターキーや「ブランズウィック」などの品種を、種からではなく挿し木で育て、肥料は窒素ではなく海藻とカリを与えることを勧めている。フラワーデューは、根を木箱の枠の中に閉じ込めるという伝統に触れ、大量の養分供給を避けるのであれば、その必要はないとの考えを示している。また彼は、屋外での結実は、保護されたエリアや海辺周辺といった場所なら可能だが、果実を完熟させるのであれば、イギリスの気候ではやはり温室での栽培を推奨するとしている。ヒュー・フィアンリー＝ホイッテイングストール［イギリスの有名シェフ］は、イングランドでは丈夫な品種の「ブラウン・ターキー」が優勢だが、（温室で栽培する場合は）「ルージュ・ド・ボルドー」や「ホワイト・マルセイユ」「エクセル」「プティ・ニグラ」のほうが風味がよいと勧めている。

●生のイチジクと乾燥イチジク

イチジクは木から摘み取ったばかりのものを生で食べるのが一番おいしいが、入手できる機会は限られている。食物の風味のケミストリー（相性）や味覚について誰よりも詳しいハロルド・マクギーは、完熟したイチジクには独特のアロマがあり、これは主にスパイシーなフェノール化合物と花のような香りのテルペン（リナロール）によるものだという。このアロマは、木で熟した新鮮なイチジク特有の風味のひとつである。

しかし、イチジクほど傷みやすい果物はない。収穫が1日でも遅れると、柔らかくなってぐちゃぐちゃにつぶれてしまう。とはいえ、つぶれても風味と栄養価は損なわれるわけではない（破裂したイチジクはこの世で最高のジャムのような味わいがある）。

人類が古くからイチジクを乾燥させて保存しようとしてきたのは、こうした理由からだ。乾燥イチジクの多くは、平らにのばしてから乾燥させるが、サイズの小さい高級品種は原形を保ったまま立てて乾燥させることもある。天日干しにする場合は、定期的にイチジクを裏返してやるときれいに乾燥させられる。

イチジクが食べられるようになってまもない頃は、木の上で天日干しされることが多かったようだ。北アフリカの一部のイチジク園では今でもこの習慣が取り入れられているが、イチジクの主な生産国では、木のトレイの上で天日干しをするのが昔から主流だ。果樹栽培のマニュアルのほとんどが、「完熟する前に実を摘み取りたくなっても我慢しましょう」と警告している。

イチジクの乾燥工程が工業化されるにつれて、硫化処理などを使った方法が一般的になってきた。マニュアルでは、水に浸してから約4時間硫化させ、その後2〜4日間天日干しすることが推奨されている。硫化処理は、それまでの農民的（あるいは職人的）なやり方を発

かごの中の成熟と魅力。

ジャムのようなイチジク。

イチジクのジャム。

最高の乾燥イチジクは原形を保っている。

展させたものとして紹介されることもある。たとえばポルトガルでは、もともとイチジクを乾燥させる前に水でよく洗い、塩水とオリーブオイルを混ぜたものに浸していた。

乾燥イチジクは、栄養価の高い高品質な食物なので、貧しい人々が冬を乗り切るための主食にもなっている。しかし多くの場合、乾燥させる過程で生のイチジクにあるエキゾチックな魅力はどこかに消えてしまう。

20世紀までに、イチジクの商業的価値は、本来の食物としての役割をはるかに超えて広がった。イチジク・エキスは、コーヒーの代用品として広く利用されるようになり、イチジク風味のビスケットやイチジク入りのビスケットは1890年代のフィグ・ニュートンを皮切りに人気を博した。イチジクの砂糖漬けは、実のかたい生の緑イチジクをおいしく保存する方法として、とくにアメリカで普及した。イチジクは、まず効能が疑わしい売薬として（なかにはインチキに過ぎないものもあった）、次に商業的な医薬品取引で主要な役割を果たすようになった。その後、高いアルカリ性から禁煙に役立つことがわかり、「鎮痛」作用から咳止めの成分として使われはじめ、皮膚に色素沈着を起こす病気の人にも処方された。だが、最も注目されたのは食物繊維の豊富さで、便通を促すために用いられるようになった。

乾燥イチジクはおいしい主食となる。パンが不足していたとき、乾燥イチジクがアレキサンダー大王の軍隊の行軍を支えた。

◉イチジク・シロップの物語

イチジクの薬用価値に最初に言及したのはイラクのウルカギナ王だった。それからおよそ5000年にわたって、中東、レバント、地中海沿岸の社会では常にイチジクの薬効に注目が集まってきた。とくにギリシアやローマでは、イチジク、オリーブ、ブドウ、パン、ワインを中心とした健康的な菜食生活が、肉を食いちぎり、乳臭い野蛮人に打ち勝つ鍵であると信じられていた。

さらに近年になると、イチジクの下剤としての性質が強調されるようになった。クロディウス・アルビヌスが朝食に500個のイチジクを食べたという話を聞いて驚く人は、おそらくこの知識をもっているのだろう。

ヨーロッパや北米の食生活が、肉や乳製品、タンパク質全般を重視する野蛮なものになっていくにつれ、イチジクは大量のタンパク質の消化を助けるという、ぱっとしない役割を求められるようになった。悲しいことに、とくに戦後の北ヨーロッパの消費者にとっては、イチジクは便通作用のために摂取するものだった。代表的な製品が、イチジク・シロップと呼ばれるおぞましい調合物である。

イチジクの果汁を穏やかで優しい下剤として使用できることは古くから知られていたが、

イチジクは畏敬の念を集める食物だったので、声を大にしてその効果を宣伝しようとする人はほとんどいなかった。ところが、アメリカや北ヨーロッパの食生活が乱れ、売薬の時代（1840〜1940年頃）になると、イチジクは強力な下剤に使われ、イチジク・シロップという魅惑的な名前で知られるようになった。イチジク・シロップの主な有効成分はイチジク果汁ではなくセンナなので、この名前は偽りだといえる。しかも、イチジク・シロップの市販品のなかにはイチジクをまったく含まず、センナとルバーブの混合物に頼っていたものもあった。しかし、それにもかかわらず、イチジク・シロップは楽園の果物の評判に大きな傷をつけることになった。イギリスのパブリックスクールでは、あるときは罰として、またあるときは修養のためだとして、冷水シャワーや鞭打ちとともにイチジク・シロップが広く使われた。イギリス社会の一部の上流階級のあいだでは、イチジクの怪しげな評判が今日まで続いている。

ロンドンのウェルカムコレクションをはじめとする医学博物館に行けば、第一次大戦の前に出回っていた医薬品の宣伝文を見ることができる。イチジク・シロップは、「顔色をよくし、虚弱を治し、腸の働きや肝臓が弱ったときにもよい」とされていた。「ウィリアムズ博士の顔色が悪い人のためのピンク色の丸薬」や「マッケンジー博士の改良型無害ヒ素顔色改善薬」などの他の有名な売薬とは異なり、イチジク・シロップは何とか評

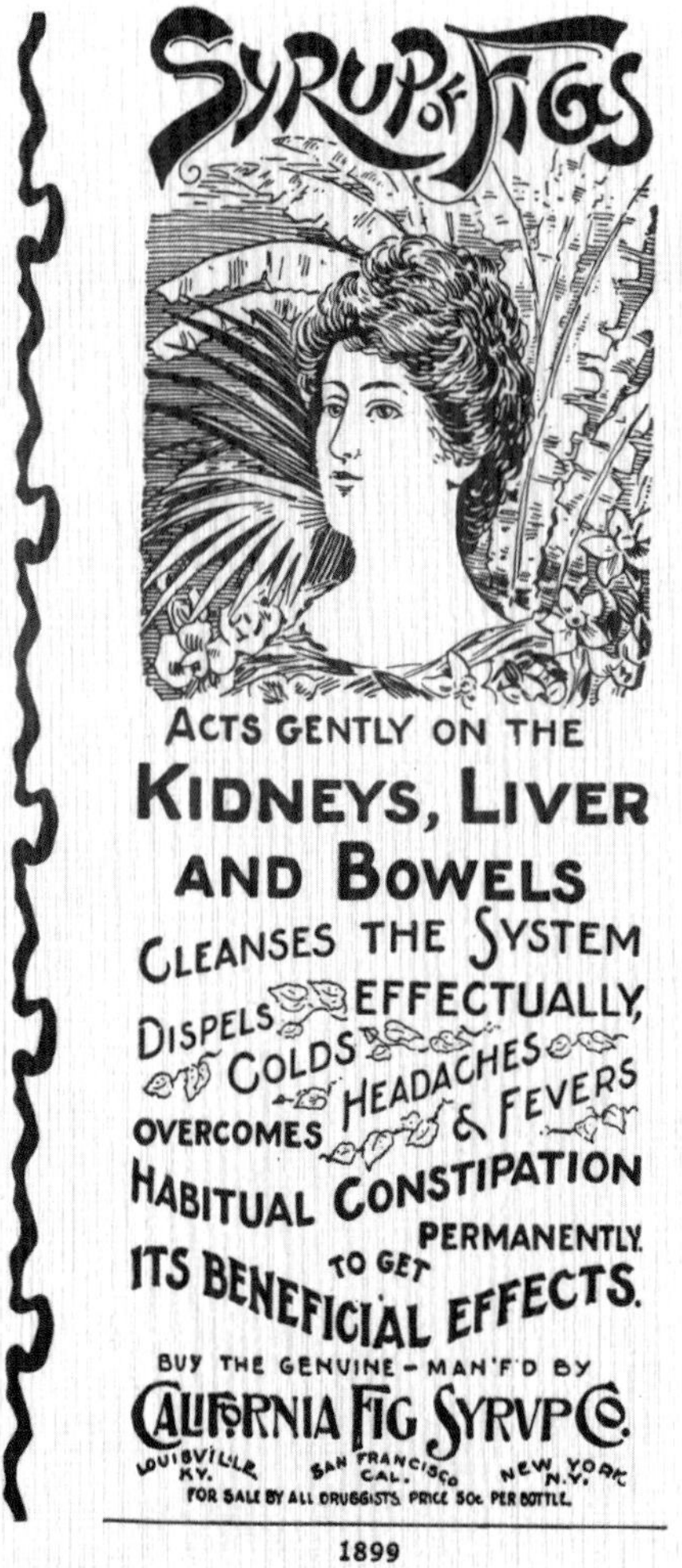

イチジク・シロップの広告。20世紀前半、この怪しげな調合液は体内浄化のために広く推奨された。

判を保ちながら今も市場に出回っている。

なお私は、本項を書くために、イギリスの大手薬局でイチジク・シロップの瓶（有効成分：センナ０．４０ml、イチジク液体エキス０．５０ml）を購入したが、あとで中身を流しに捨ててしまったことを付け加えておく。

◉生まれ故郷での祝祭用イチジク

南欧と近東におけるイチジクの近代史は、ヨーロッパとは違い、不名誉なイメージとは無縁のものだ。これらの国では、収穫の終わりと収穫物が一堂に会する「イチジクの時期」は、今も昔も誇りと喜びに包まれる瞬間なのだ。

カビリアで、酔いのエクスタシーとともにイチジクの収穫を迎えることはすでに述べた［第1章］。カビリアの祭りのスタイルは独特かもしれないが、イチジクの多くの生産地では、イチジクの収穫は、活気に満ちた祭りや喜びの声とともに祝われている。フランスでは、プロヴァンスのソリエス・ポンやラングドックのネジニャン・レヴェックなど多くの場所にすばらしい例がある。ネジニャンに住む人々は、イチジクとの関係が深く、地元の言葉で「べコス・フィゴス（bécos figos）」（「イチジクを食べる人」の意。フランス語のbecfiguesと同語源である）と呼ばれている。ソリエス・ポンは、「イチジクの首都」という名前ももっている。ソリエス・ポンには、「ソリエス・イチジク保護連合」という誇り高くすばらしい組織があり、www.figue.orgというウェブアドレスを自信をもって採用している。

コルシカ島南部のペリという町でも、盛大なイチジク祭り（コルシカ語でfesta di u ficu）が9月中旬に開催される。これは国際的な祭りであり、モロッコ、トスカーナ、プロヴァンスのイチジク生産者が一堂に会する。そのようすは、www.festadiuficu.comで見ることができる。

マヨルカ島中央部の平原にあるモントゥイリ近郊では、イチジクの収穫の終わりを昔から盛大に祝っており、通常は地元の聖人の日に合わせて夜通し踊って歌う。夜が更けてくると、声を張り上げるために、地元の強いリコール・デ・ヘルバスやヘルベ（ハーブ風味のアルコール）を大量に飲む。またペルーにも、イチジクの町ことチルカで開催される「エル・フェスティバル・デル・ヒゴ」という同様のイベントがある。ここではザクロのリキュールがふるまわれ、南半球なので2月に行われる。

晩夏のポヤレス・デル・オヨ（スペイン中部アビラ県）やモンテネグロのブドヴァで開かれる壮大なイチジク祭りは、年を追うごとに知名度を増しており、トルコでも同時期に多くの場所でイチジクの祭典が開催される。有名なのは、ブルサ、アイドゥン、ビレシクといったものだ（ビレシクの祭りはイチジクとザクロの祭典だ。このふたつの果物の組み合わせは、聖書、アラビア語やギリシア語の文献、そしてペルーでも昔から見られる）。一番知られているのはイズミルで、イズミルの旧称スミルナは、あらゆるイチジクのなかで最も有名な名前のひとつである。

◉近東の今

現在の近東のイチジクの主な生産国――エジプト、イラン、シリア、イラク、イスラエル、イエメン――は、よくニュースで話題になっているが、果物の生産という文脈ではめったに（あるいはまったく）取り上げられない。これらの国々はどれも、過去の偉大な文明と現在の生活・文化とのつながりを強く意識している。イランの人々の現在の願望を理解するには、キュロス大王（「世界の王」として知られる古代ペルシャの最初の王。紀元前530年頃）が一帯を征服したイラン文明近代化の知識が多少なりとも必要だ。このような広い歴史的視野のなかに、イチジクの文化史はささやかながら位置づけられるべきである。

現在でも、イチジクは原産国――近代国家のイエメンとイラク――の重要な換金作物となっている。数字は必ずしも正確ではないが、2000年からのイチジクの生産量の多い国を順に並べてみると次のようになる。

1 トルコ	2 エジプト	3 イラン	4 モロッコ
5 アルジェリア	6 スペイン	7 ギリシア	8 シリア
9 アメリカ	10 イタリア	11 メキシコ	12 チュニジア
13 レバノン	14 イラク	15 リビア	16 ポルトガル
17 イスラエル	18 イエメン	19 マルタ	

イエメンとイラクの政治的な状況が今後数十年のあいだに改善されれば、順位が上がる可能性は十分にある。

イエメンのイチジク栽培農家は、イチジク園の生産性が１９７９年の５万５０４５ヘクトグラム／ヘクタール［１ヘクトグラムは１００g］から、２００９年の10万７６９７ヘクトグラム／ヘクタールに著しく向上したことに誇りを抱いている。イラクでは、２００３年にイチジクの年間生産量が大幅に減少したものの、その後、イチジク農家はふたたび生産量を増加させることに成功している。しかし、国連食糧農業機関（ＦＡＯ）によると、２００９年の総収穫量は２００１年の約80％にとどまっているという。

第8章◉

「何の価値もない」のか、天国の果実か？

ヴィクトリア朝の旅行作家W・J・A・スタマーが収集したすばらしい物語のなかに、「モリ」と呼ばれる甘くて黒い小さなイチジクに関する話がある。スタマーによると、かつてのナポリ王国のカヴァ・デ・ティィレーニの谷に豊富に育つという。何世紀も前、免罪符を必要とするカヴァの修道士たちは、ローマ教皇に免罪符を求めるため、ふたりの修道士をローマに送ることに決めた。修道士たちは、教皇を喜ばせるために地元の特産品をもっていくことにした。ブドウの房や箱に入れたスイカを検討したが却下し、カヴァ一帯になっている非常においしくて小さいイチジク「モリ」を籠に詰めて贈るのがいいだろうということになった。それからふたりははるばるローマまでやってきて、教皇の前に通されてからイチジクを献上した。教皇はその贈り物に喜んだ。修道士たちは、丁寧に差し出された免罪符の嘆願書の前でイチジクを次々と口に入れ、その甘さに顔をほころばせていく教皇を見守った。教皇は、

バランスがすべて。

免罪符交付の判断に移る前に、このおいしくてかわいらしい果実はどこで採れるのか、簡単に手に入れる方法はあるのか、と尋ねた。教皇を喜ばせようと、修道士たちは先を争うようにして、そのイチジクが「モリ」と呼ばれていること、カヴァの周辺ではどこにでもあること、とても贅沢なものだが、この地方の谷間にはたくさん実るので、農民は豚に食べさせていることなどを次々と話した。教皇は憤慨し、使者たちが自分たちの豚用のエサをもってきたことを非難した。そして異端審問の拷問官長を呼び出し、ふたりをさらし台へ連れて行き、もってきたイチジクをひとつ残らず投げつけるように命じた。さらし台に座らされ、熟したイチジクの汁をしたたらせながら、ひとりの使者がもうひとりに言った。「スイカを選ばなくてよかったな、兄弟。今頃ボコボコにされて死んでいたかもしれない」

この物語は、イチジクが果物のなかで最も贅沢で価値があるのと同時に、最も豊富でありふれたものでもあるという相反する事実が、同時に、しかも同じ場所で成立しうることを示している。文学や民間伝承の世界では、イチジクの価値や地位に興味深い両義性が存在しているのだ。

ある人にとっては、高級品であり、最高の果物であり、木の王であり、宗教的、祝祭的な意味をもつ長い歴史があり、祭事の果物として珍重されているが、別の人にとっては、あまりにもありふれているのでほとんど価値がない食物の代名詞にもなっているのだ。「イチジクほどの価値もない（not worth a fig）」というフレーズは「何の価値もない」という意味だ。

イチジクは、金持ちと貧乏人の食べ物を分け隔てる大きな溝の両岸に位置するめずらしい食物のひとつだ。別の著作で、私は塩タラ（バカラオ）とチーズがその溝をまたぐことができる方法について論じた。これらの特別な食物は、ふたつの形を取ることである程度近づくことができる。貧乏人に「硬いが日持ちするチーズ」、金持ちに「柔らかいが非常に傷みやすいチーズ」を与えるとか、貧乏人に「塩漬けにして乾燥させた岩のように硬い黄色いバカラオ」、金持ちに「塩漬けだが乾燥させていない白いタラ」（モリュー・ヴェルトと呼ばれ、ヴェルサイユ宮殿の晩餐会の定番料理となった）を与えるといった具合だ。同様に、生のみごとなイチジクは高級品、乾燥イチジクは貧しい人々が冬を越すための主食になりうる。しかし、カヴァ・デ・ティレーニの物語が示すように、季節や土地によっては、甘美で贅沢な生のイチジクが、豚とローマ教皇の両方を喜ばせられるほど大量に手に入ると覚えておく必要がある。

王室や領主の文書は裕福な人々の食物に関するよい文献であるが、14世紀以降はレシピや料理に関する本が流通するようになった。初期のレシピ本は、裕福な人々に仕えるプロの料理人のために書かれたもので、主人の敏感な舌をやけどさせるような熱すぎる料理は避けるようにというのが典型的なアドバイスだった。また、財産帳、帳簿、家計簿などでは、富裕

フランシスコ・バレラ『秋』1638年、油彩、カンヴァス。秋の食卓を彩る生のイチジクが描かれている。

フランシスコ・バレラ『冬』1638年、油彩、カンヴァス。保存されたイチジクが寒い季節に立派な食卓に並ぶようすを描いたもの。

層の食卓に届く食物を定量評価できる。文学や芸術の資料には、宴会、祝祭、王族の訪問などが記されている。

金持ちのイチジクは、他の高級果物と同様、レシピや帳簿ではなく、文学や芸術の形で歴史的な出典を見つけるのが一般的だ。しかし、ヘンリー8世に献上された、ポルトガル産のイチジクの記録が残っている国王手許金帳は、私たちのイメージを掻き立てるひとつの資料である。

◉貧しい人々のイチジク

貧しい人々の食事に関する情報源は少ない。救貧院、刑務所、病院などの帳簿から推測することはできるが、ほとんどの資料は印象に基づいた記述が多い。食の歴史家は、旅行記や軽く触れただけの話、童謡のような大衆的な文章に頼らざるを得ないのだ。

歴史的なことわざは、庶民の食物について知ることができるよい資料である。どの言語においても、秀逸でうそのないことわざからは、貧しい人々や虐げられた人々の食生活についての本音が伝わってくる。15世紀ごろまでの時代に属する民間の知恵や一連の信念を知りたければ、ことわざに目を向けてみるといいだろう。

『オックスフォード英語辞典』は、ことわざの価値に関して確固たる意見をもつサウス博士（1634〜1716年）の言葉を引用している。「ことわざとは、いくつかの時代の経験と観察が集まってひとつの表現にまとまったものである」。チェスターフィールド卿は、同じ考えを非難めいた言い方で表現した。ことわざは「俗物の巧言」であり、品位のある人間は避けるべきだ、と息子に助言したのだ。ことわざの最大権威（またはことわざ学者）であるアーチャー・テイラーは、ことわざには庶民の関心や世相が反映されているという考えを何度か示している。

イチジクのことわざを調べてみれば、英語のことわざはあまり役に立たないとすぐにわかるだろう。中世および中世以前のイギリスの大衆文化の形成において、イチジクはほとんど役に立っていない。食物としてのイチジクに関することわざがイギリスにほとんど存在しないのはそのためだ。しかし、イチジクは慣用句や寓話のなかには登場しているし、「何の価値もない（not worth a fig〔イチジクほどの価値もない〕）」や「気にしない（don't give a fig〔イチジクを与えない〕）」といった世俗的な表現もある。

イチジクという言葉を使った「何の価値もない」という表現は、古代ギリシア語にも存在した（イチジクをこよなく愛したアテナイオスも用いた）。現在では多くの言語、とくにトルコ語に存在し、『何の価値もない İncir Çekirdeği』（セルダ・チェチック監督。2009

年）はトルコ映画の画期的な作品として認識されている。スペイン語では、イチジクを使った印象的なことわざがいくつかある。［スペイン語でイチジクはhigoという］

Amigo sin dinero, eso quiero; que dinero sin amigo no vale un higo.
お金のない友達、それが私の好きな人。友達のいないお金なんて何の価値もない

Blanca con frio no vale un higo.
寒い季節の色白の女には何の価値もない

Oficio que no da trigo no vale un higo.
小麦を提供しない貿易には何の価値もない

フランス語では、スペイン語ほど「何の価値もない」という表現は多用されていないようだが、それでもスペイン語とよく似たフレーズが文献に登場することがある。例を挙げると、「人生には何の価値もない（La vie ne vaut pas une figue）」「あなたの愛には何の価値もない（Ton amour ne vaut pas une figue）」のふたつが有名で、繰り返し使われている。

イングランドやアイルランドのことわざも例があまり多くなく、なかにはスペイン語からの翻訳だと判明したものもあるが、ここで4つ紹介することにしよう。「時代遅れのものには何の価値もない」「人間の本質に関する彼の知識には何の価値もない」「サタンの王国には何の価値もない」「世界にはイチジクほどの価値もない」。

この「何の価値もない」という表現と並んで、私たちの愛らしい果物を蔑む言葉としてよく使われるのが、「気にしない（don't give a fig）」である。初期にこれをもじった表現でよく知られているのは、シェイクスピアの『ヘンリー5世』で、ピストルがフルエレンへ言った「死ね、そして呪われろ、汝の友情にイチジクを！（Die and be damn'd; and figo for thy friendship）」というセリフだ。もう少し知名度が低いが、同じように印象的で個人的に好きなのは、『タウンリーのミステリー *Towneley Mysteries*』（1420年頃）に出てくる次の二行連句だ。「看病にはイチジク、災いにはイチジク。もし私が払えないのなら、なぜ私が借りることができるのだ！（A fig for care and a fig for woe! If I can't pay, why I can owe!）」。ここでもまたイチジクは、何の価値もないものの代名詞として使われている。

しかし、スラングとキャッチフレーズの研究における最高権威、エリック・パートリッジはさらに踏み込んで、「イチジクを与えない」を、性的な意味合いを強く帯び、多くの言語で「イチジクのジェスチャー」と呼ばれる、親指を人差し指と中指のあいだに差し込む卑猥なジェスチャーと結びつけている。今では、このジェスチャーの名前は、英語よりもイタリア語やフランス語のほうが一般的だが、歴史的に見ると、英語の「気にしない（don't give a fig）」は、同じことを意味する「don't give a fuck」の婉曲表現だったのだと考えられる。

食物としてのイチジクに関しても、興味深いことわざがある。もちろんこれも、地中海沿岸やレバント諸国の発祥だ。イチジクを食べることに関して、英語のことわざはほとんどないが、すでに述べたように、スペインには心を揺さぶるイチジクのことわざがたくさんある。

熟す時期については、「イチジクが蜜のように甘いのは聖ミカエルのためだ」（聖ミカエルの日は9月29日）という言葉が参考になる。イチジクは、すべての果物のなかで最も遅い時期に熟す果物なのだ。それからレバノンのことわざも紹介しよう。「最初のキュウリを食べ、最後のイチジクを食べなさい」。一方、スペインにはイチジクと人間の損じやすさに関する強烈なことわざがある。「私たち人間はイチジクのようなもので、今日死なない者は明日死ぬのだ」

このようにイチジクは、はるか昔からはかなさの象徴として用いられてきた。ストア派の哲学者エピクテトス（１３５年没）は自分の信奉者たちにこのような厳しい言葉を発した。

自分に言い聞かせなさい。あなたが愛する人は死を免れないものであり、あなたが愛するものはあなたのものではないのだと。それは、今このときのためにあなたに与えられたものであると。けっして取り消せないものでも、永遠のものでもなく、ちょうど熟したイチジクやブドウのようなものなのだ。

1627年にゴンサロ・コレアスが記録した奇妙なスペイン語のことわざがあるが、これはイチジクの下剤としての効能に言及しているようだ。「ご主人様には硬い緑イチジク、私のお尻には熟したイチジク」

スペイン語のことわざには、イチジクの豊富さに言及したものもある。「イチジクが旬の時期には敵がいない」（全員に食べ物が行き渡るから）。また、オリーブの木ほどではないにしても、イチジクの木は長い時間をかけて育てる必要があるとすることわざもある。「あなたのおじいさんのオリーブの木、あなたのお父さんのイチジクの木、あなた自身のぶどう畑」『楽しいなぞなぞの本 *Book of Merry Riddles*』（1629年）には、めずらしく英語のことわざがひとつ収められていて、イチジクの地位の高さを裏付けている。「汝の友にはイチジクを、汝の敵には桃を用意せよ」というものだ。起源は南ヨーロッパかもしれない。

ことわざに登場する食物は、文字どおり、地に足の着いたもの（タマネギ、ポロネギ、ニンジン、ニンニク）や日常の食品（パン、パイ、プディング、リンゴ）が多く、イチジクはことわざの集まりのなかではかなり奇妙な位置にある。なぜなら、食物の階層、とりわけ栽培品――果物、穀物、野菜――の階層では、ことわざに出てくる食物のほとんどが底辺に位置しているのに対し、イチジクは最上位にあるからだ。

こうした食物の階層は、ことわざ自体が繰り返し認識しているように、裕福な人々と貧しい人々の食物が厳格に分かれていた中世後期にとくに重要だった。イギリスの有名なことわざのひとつ――「ポロネギは貧乏人のアスパラガス」――を例に考えてみると、そこには明らかに社会的な意味合いが含まれていて、富裕層と貧困層の溝をはっきりと表している。高位の人はポロネギの料理を出されたら面食らい、侮辱されたと感じるだろう。貧しい人はアスパラガスを食べようとは思わないし、そのような食べ物は貧乏人の消化に悪いと多くの場合信じられていた。病気になるよりはポロネギのほうがましだというわけだ。

食物の階層における基準は、希少価値と傷みやすさ（富裕層の食物にとってカギとなる基準）だけでなく、不思議なことに「土からの距離」も含まれる。最もランクの低い食物は土の中にあり、最もランクの高い食物は木のてっぺんにある。

フランスの歴史家ブリュノ・ロリウーは、中世の食物にランクをつけて並べた興味深い表を作成している。最もランクが低いのは球根類（タマネギ、エシャロット、ポロネギ、ニンニク）で、次に低いのが根菜（ニンジン、カブ、ビーツ）である。そのすぐ上には、根から

カゴの編み目のように並べられたおいしそうな乾燥イチジク。

生えていると認識されている葉物類（ほうれん草、チャード、レタス）、さらにその上には茎から生えている葉（キャベツ、エンドウ、ミント）が来る。その次はベリー類や茂みに実る果物、そして植物の階層の頂点に立つのは木になる果物だ。天国に近いほど上流階級の食物に適していると考えられていたのだ。肉類についても同様の階層があり、詳細は省くが、最下位が豚で（土に近づく習性がある）、最上位が小鳥（ヒバリ、ツグミ、ホオジロ）だった。

イチジクは木の上のほうに生えていて、腐りやすいので、北ヨーロッパの国々では他のどんな果物や野菜よりも高く評価され、希少価値も高かった。ナツメヤシも木の上のほうに生えるが、イチジクのほうがずっと早く傷んでしまうため、イチジクはナツメヤシよりもさらに上位に位置付けられた。

南ヨーロッパでは、イチジクは相反するふたつの地位を与えられていた。ありふれているがゆえに価値がないとされる一方で、エキゾチックで繊細なゆえに王への贈り物としてふさわしいとも見なされた。つまり、農民にも王族にも愛される、逆説的な食物だったのだ。「逆説」という言葉に関していえば、イチジクはさまざまな意味で逆説的な食物だ。まず、食用イチジクには生と乾燥というふたつの形態がある。生のイチジクは、その傷みやすさから典型的な高級食物とされている。生のイチジクの本来の風味のすばらしさ（純水によって風味が増す）は、完熟したその日だけしか味わえない（翌日になると腐ってしまう）。対照的に、乾燥イチジクは日持ちがするので、冬であっても夏の甘みを味わえる、安価で理想的な主食となるのだ。

第2の説明は地理的なことだ。イチジクは、地中海やレバント地方では豊富に収穫できるが、北ヨーロッパにおいてはエキゾチックな輸入品である。ボルドーやボローニャなどの北で栽培されたイチジクには、あの南の太陽の味はない。だから預言者ムハンマドは、「果実をひとつ楽園に運んでもらえるとしたら、私は間違いなくイチジクを選ぶだろう」と言ったのだ。

地中海沿岸に広く存在するにもかかわらず、イチジクはエキゾチックな食物としての地位を保っている。この地位を支えているのは、聖書の奇妙な物語であり、コーランの記述であり、十字軍やオスマン帝国による戦争の記憶だ。最近のガストロノミーの考え方では、イチジクは連想によってエキゾチックさを増している。たとえば、イチジクとパルマ産生ハムの組み合わせは、しばしば「天上の結婚」と表現されるし、フランス人はローマの伝統を継承し、イチジクを食べたガチョウのフォアグラに特別な地位を与えている。

イタリアの歴史学者マッシモ・モンタナーリは、洋ナシとチーズの関係について述べたすばらしい著書『洋ナシとチーズ *Il formaggio con le pere*』（２００８年）のなかで、ことわざと、富裕層と貧困層のあいだを行き来する食物の地位の両方について多くの見解を示している。

イチジクとパルマ産生ハム。

カットしたイチジクとチーズ。

モンタナーリの出発点は、「農民にはチーズと洋ナシが合うことを教えるな」というイタリアのことわざである。このことわざに触発され、モンタナーリは裕福な人々が食物をいかに独占し、「特殊性」を与えているかについての一連の考察を導き出したのだ。

イチジクについては、「イチジクでは水を、洋ナシではワインを飲め」ということわざとともに、カンパニア地方のバリエーション「イチジクでは水を、桃ではワインを飲め」も引用している。

これらのことわざは、イチジクをアーティチョークやアスパラガスと同じように、ワインではなく水で味わう贅沢な食物の伝統に位置づけている。中世では清潔な飲料水そのものが高級品だったことを忘れてはならない。

モンタナーリは、農民の食べ物を富裕層の食卓に受け入れさせるのがどれほど難しかったかを強調している。そのためには、彼の専門用語でいうところの「戦略」を駆使して、農民の食べ物を違う特別なものにして受け入れられるようにしなければならなかった。たとえばチーズや果物、そしてキノコといった食物である（キノコは貧乏人が食べると土の食べ物、あるいは排泄物の食べ物とさえ呼ばれるが、セップ茸のようなエキゾチックなものは、土の香りがすばらしい美味な食べ物に分類される）。また、すでに述べたように、塩タラ（バカラオ）も同様に評価のあいまいな食材だ（ブランダード・ド・モリューは、今でもフランス

1895年に発表されたウォルター・クレインのみごとな壁紙「イチジクとクジャク Fig and Peacock」。イチジクの葉の優雅さでクジャクの美しさが囲まれている。

の路地裏のカフェで供される農民料理だが、エスコフィエ［フランスの名料理人。「現代フランス料理の父」とも称される］以降のあらゆる高級料理本に掲載されるような絶妙な風味の組み合わせでもある）。チーズ、柔らかな果物、キノコ類、塩タラは庶民の味方であり、日常的に食べられる大衆食品だ。これらの食物は本能を刺激するおいしさがあるので、裕福な人々は自分たちの食卓を飾るために、分類を見直し、特別なものにする必要がある。

特殊性には、日持ちがしないこと、繊細さと微妙なおいしさの風味（微妙すぎて農民の味覚では理解できない）、旬の短さ、エキゾチックな原産地、他の食材には見られない個性などが含まれる。

生のイチジクは旬があり、傷みやすく、デリケートだ。月曜日にはまだ熟しておらず、火曜日には完璧な状態になり、水曜日には崩れはじめている。イチジクの風味は熟しすぎても変わらないが、貴族の食卓に並べるには、完璧な日に提供されなければならない。ここで、イスコマコスがソクラテスに助言した内容を思い出すことにしよう。農民は一度に1本の木からすべてを収穫し、1万個近くの果実を持ち帰るかもしれないが、貴族のイチジクは個々の果実の熟度と完璧さに基づいて、1個1個摘み取るべきなのだ。

北ヨーロッパでは、生のイチジクはエキゾチックな存在である。ポルトガル産のイチジクは、ヘンリー8世に王室献上品として贈られた。そのため、パイナップルなどのヨーロッパ

マーケット一面で輝きを見せる。

の民間伝承をもたない果物とともに、貴族の食卓に並ぶことがある。

生のイチジクが豊富な国でも、イチジクは特別なものとして扱われる。8月から9月にかけてのイスタンブールでは、イチジクの繊細さと豊富さの対比を存分に味わえる。バザールでは、生のイチジクが乾燥イチジクのキロ単価の半額以下で売られるが、それにもかかわらず、ひとつひとつがまるでアンティークガラスのように丁寧に精巧に陳列されているのだ。そして、神聖な祝祭の果実にふさわしく、愛と畏敬の念をもって販売されている。

謝辞

本書は、食物と料理のオックスフォード・シンポジウムで行われた、イチジクの歴史に関するプレゼンテーションから発展したものだ。こうしてリアクション・ブックスのエディブル・シリーズの一冊にまとめることができたのは、マイケル・リーマンのアイデアのおかげだ。彼にはその後もいろいろとお世話になった。ここにお礼を申し上げる。オックスフォード・シンポジウムでは、同僚たち、とくにポール・レヴィに助けられた。また、パリ第8大学でジャン＝ルイ・フランドランがかつて指導していた「食の歴史コース」の元同僚たちにも助けられた。とくにセビリアのジャンヌ・アラールとペドロ・カンテロ、マラガのエステル・クルセス・ブランコ、パリとトゥールーズのクリスティーン・マルティネスとそのご家族、テキサス州オースチンのキャシー・ヘンダーソン、そしてイングランド、レディングのトリッシュ・トーマス、ダニエラ・ラ・ペンナ、デボラ・ジェンキンスに感謝の意を表したい。

訳者あとがき

イチジクと聞いて、みなさんはまず何をイメージするだろうか？　旬の時期しか生で味わえないあのぷっくりとしたかわいらしい果物、美容と健康によさそうなドライフルーツ、ほっぺたが落ちるほどおいしいジャム……なかには腸の調子をよくするピンク色の容器を思い浮かべる人もいるかもしれない。西洋の人々にとってなじみが深いのは、旧約聖書の「創世記」の中で、禁断の実を食べたアダムとイブが体を隠すために使ったイチジクの葉だという。

日本には江戸時代に入ってきたとされるイチジクだが、その起源は古く、約6000年前には野生種を改良したものが近東で食べられていたようだ。古代ギリシアでは、イチジクは神聖なものとして重要視され、ギリシア神話やホメロス作『オデュッセイア』などの文学作品にもたびたび登場している。ホメロスはギリシア人の心をくすぐるものとして、オリーブとザクロのほかにイチジクの名を挙げたし、ソクラテスはイチジクの栽培技術に関心を寄せていた。質素・倹約がモットーのスパルタの時代でもイチジクは食べられていたというから、ギリシア人の食文化にいかに深く根付いていたかがわかる。

古代ローマにおいてもイチジクは神聖な食べ物と見なされ、祝祭に欠かせない存在だった。ローマ人は1年の始まりをイチジクで祝った。この伝統は今でもイタリアの一部で続いていて、年明けに詰め物をしたドライイチジクの贈り物をする風習が残っているというからほほえましい。ギリシアと同じくローマでも、イチジクは重要な食べ物として偉大な著述家たちの作品で繰り返し語られた。

やがてイチジク栽培は地中海沿岸全域に広がり、中世になると北ヨーロッパにも伝わった。北ヨーロッパにイチジクをもたらしたのは十字軍の兵士たちだと言われていて、遠いアラブの地でイチジクの風味に魅せられた彼らが故郷にその味を持ち帰ろうと腐心するようすが本書に書かれている。残虐な宗教戦争の裏側で、おいしい食べ物を求めてやまない兵士たちの人間らしい一面を垣間見ることができる。

このように古くから人の営みにかかわっているイチジクは、じつのところ不思議な植物である。イチジクにはさまざまな品種があるが、共通しているのは花が実の内側につくことだ。外側からは花がないように見えるため「無花果」と漢字で書くのもうなずける。私たちがふだん食べているのは、この花の部分である。そしてイチジクは自家受粉するタイプと自家受粉できないタイプに分かれる。後者はイチジクコバチという小さな虫に花粉を運んでもらわないと受粉ができず、実が熟さない。カプリフィケーションと呼ばれるこの仕組みは、イチジクとイチジクコバチの絶妙な共生関係のもとで成り立っている。つまり、イチジクコバチは花粉を体につけた状態でイチジクの実の中に入りこむことで（花は実の内側についている！）、イチジクの受粉を助け、イチジクはその幼果の内部でイチジクコバチに産卵させることで、イチジクコバチの種の保存を助けているのだ。イチジクコバチはやがて実の中で死んでしまうが、日本で食べられている品種は自家受粉するタイプであり、イチジクコバチの助けは必要としないのでどうか安心してほしい。

本書『イチジクの歴史 *Figs: A Global History*』は、イギリスのReaktion Booksより刊行されているThe Edible Seriesの一冊である。このシリーズは、２０１０年に料理とワインの良書を選定するアンドレ・シモン賞の特別賞を受賞している。

最後に、本書の訳出にあたっては、多くの方々のお世話になった。とくに原書房の善元温子さんと株式会社リベルのみなさんに心よりお礼を申し上げる。

２０２２年９月

目時能理子

写真ならびに図版への謝辞

図版を提供し掲載を許可してくださった以下の関係者にお礼を申し上げる。

Photo abracadabra99/BigStockPhoto: p. 126; photo Alinari/Rex Features: p. 76; photos © Alinari/Roger-Viollet, courtesy Rex Features: p. 96, 101; photo photoarchive. saudiaramcoworld.com:p. 98; photo assalve/iStock International: p. 44; photo BasPhoto/ BigStockPhoto: p. 59 (top); British Museum, London (photos © the Trustees of the British Museum): p. 25, 28, 56, 60 (foot); Brussels Cathedral: p. 95; photo cristiacio/ BigStockPhoto: p. 158; photo CSU Archives/Everett Collection/Rex Features: p. 71; photo cynoclub/BigStockPhoto: p. 75; photo DEA/M. Cerri/UIG/Rex Features: p. 36; photo dibrova/iStock International: p. 38; photo DNY59/iStock International: p. 12; photo Food and Drink/Rex Features: pp. 16, 124; photo illu/BigStockPhoto: p. 8; photos Image Broker/Rex Features: p. 11 (top), 40, 138; photos Deborah Jenkins: p. 48, 110; photo jjspring/BigStockPhoto: p. 150; photo Jorisvo/BigStockPhoto: p. 95; photo Henryk T. Kaiser/Rex Features: p. 107; photos Rozenn Leboucher/Rex Features: p. 51, 57; photo Lehner/iStock International: p. 128; Library of Congress, Washington, DC (Prints and Photographs Division): p. 54; Musée du Louvre, Paris: p. 11 (foot); Museo de Bellas Artes, Seville: p. 141 (top), 142 (foot); National Library of Austria, Vienna: p. 96, 101; photo nito/BigStockPhoto: p. 154; PerseoMedusa/BigStockPhoto: p. 20; private collection: p. 18; Science Photo Library: p. 85, 87; photo SMarina/ BigStockPhoto: p. 125; photo U.S. National Library of Medicine (History of Medicine Division), Bethesda, Maryland: p. 131; Victoria & Albert Museum, London (photos © V&A Images): p. 10, 156; photo Werner Forman Archive: p. 52; photo *Woman's Weekly*/ Rex Features: p. 153; from www.figweb.org: p. 42, 117, 119; photo Yastremska/ BigStockPhoto: p. 123

1999年]
——, *Il formaggio con le pere: la storia in un proverbio* (Bari, 2008)
Riley, Gillian, *The Oxford Companion to Italian Food* (Oxford, 2007)
Sutton, David C., 'The Stories of Bacalao: Myth, Legend and History', in *Cured, Fermented and Smoked Foods: Proceedings of the Oxford Symposium on Food and Cookery 2010*, ed. Helen Saberi (Totnes, 2011), p. 312–21
Thirsk, Joan, *Food in Early Modern England: Phases, Fads, Fashions, 1500–1760* (London, 2007)

参考文献

イチジクについて

Condit, Ira J., *The Fig* (Waltham, MA, 1947)

——, 'Fig History in the New World', *Agricultural History*, XXXI/2 (April 1957), p. 19–24

Fuster, Xim, et al., *Minorca: Cooking and Gastronomy* (Sant Lluís,2005)

Henry, Diana, *Roast Figs, Sugar Snow: Food to Warm the Soul*(London, 2005)

Loohuizen, Ria, *The Realm of Fig and Quince*, trans. Alissa Valles(Totnes, 2010)

Meijer, F. J., 'Cato's African Figs', *Mnemosyne*, XXXVII (1984),p. 117–24

Phillips, Henry, *The Companion for the Orchard: An Historical and Botanical Account of Fruits Known in Great Britain* (London, 1831)

Simmons, Marie, *Fig Heaven: 70 Recipes for the World's Most Luscious Fruit* (New York, 2004)

Storey, W. B., 'Figs', in *Advances in Fruit Breeding*, ed. Jules Janick and James N. Moore (West Lafayette, IN, 1975), p. 568–89

Sutton, David C., 'The Festive Fruit: A History of Figs', in *Celebrations: Proceedings of the Oxford Symposium on Food and Cookery 2011*, ed. Mark McWilliams (Totnes, 2012), p. 335–45

Tanis, David, *A Platter of Figs and Other Recipes* (New York, 2008)

その他

Flandrin, Jean-Louis, and Massimo Montanari, eds, *Histoire de l'alimentation* (Paris, 1996)［J・L・フランドラン，M・モンタナーリ編『食の歴史』（全3巻）藤原書店，2006年］

Flowerdew, Bob, *The Gourmet Gardener* (London, 2005)

Gürsoy, Denis, *Turkish Cuisine in Historical Perspective* (Istanbul, 2006)

Laurioux, Bruno, *Manger au Moyen Âge: pratiques et discours alimentaires en Europe au XIVe et XVe siècles* (Paris, 2002)［ブリュノ・ロリウー著『中世ヨーロッパ食の生活史』原書房，2003年］

Montanari, Massimo, *La fame e l'abbondanza: storia dell'alimentazione in Europa* (Rome, 1994)［マッシモ・モンタナーリ著『ヨーロッパの食文化』平凡社，

レシピ集

イチジクを愛する国々から、できるかぎり幅広くレシピを選んだ。イチジクが世界中のさまざまな料理に取り入れられていることを示すと同時に、驚くほど多様な食材と相性がよく、パートナーになり得ることを示したかったからだ。読者、とくにレバノンの方々のなかには、「イチジクはアラックやその他のアニスが入った飲み物と一緒に生で食べるべきだ」という考えを曲げない人もいるだろう。デヴィッド・タニスのユーモラスな本『イチジクの盛り合わせと他のレシピ *A Platter of Figs and Other Recipes*』（2008年）も、あまりにおいしい食べ物には手を加えるべきではない、完璧なイチジクをシンプルに盛り合わせたものこそが最高のデザートだ、と記されている。あるいは、緑イチジクの砂糖漬けや赤ワインでゆっくり煮込んだ生のイチジクなど、レシピがなくてもできる簡単な料理もある。ここで紹介するレシピを読めば、レバノン人の友人や家族でさえ考えを変える気になるかもしれない。

歴史的レシピ

15世紀の『*Curye on Inglysch*』から、中世の由緒ある乾燥イチジクのレシピをふたつ紹介する。

◉レイピー

1. 同量のイチジクと干しブドウを突き刺し、水で洗う。
2. ワインを加えて煮立たせ、乳鉢ですりつぶす。
3. 濾し器で濾す。
4. 鍋に入れ、コショウの粉やその他よい香りの粉を加える。
5. 米粉を加え、ソーンダー［赤色着色料として使われた］で色をつける。
6. 塩で味を調え、煮ながらかき混ぜる。

現代風にアレンジするには、イチジクを水に浸してから赤ワインで煮込み、乳鉢と濾し器の代わりにミキサーを使おう。粉はシナモンとナツメグにして、米粉の代わりにコーンスターチを使い、「ソーンダー」はサフランで代用する。

…………………………………………

◉トゥートレット

1. イチジクを細かくきざむ。
2. サフランとパウダーフォートを加える。
3. 薄くのばした生地で包み、油で揚げる。
4. 澄ましハチミツを塗ってあぶる。
5. 熱いまま、あるいは冷たくして食べる。

現代風にアレンジするには、イチジクを水に浸してから細かくきざみ、サフランは水で戻し、「パウダーフォート」はクローブとナツメグに砂糖と黒コショウを少々加えてつくろう。澄ましハチミツはイチジクを浸した水とサフランの戻し水を少し加えて緩ませ、フィロ生地で包んで揚げる。

現代のレシピ

◉メノルカ風トマトとイチジクのスープ

（6～8人分）
完熟トマト…600g
緑パプリカ…1個
タマネギ（大）…1個
オリーブ油…大さじ5
ニンニク…2玉
水1¼リットル
パン…4枚
パセリ…2本
海塩…小さじ1
生のイチジク…12個

1. トマト、タマネギ、ニンニク、パプリカを細かくきざみ、ティア（メノルカの土鍋）または似たような鍋に入れる。
2. ときどき水を小さじで加えながら、25～30分ほどコトコト煮込む。
3. 煮詰まってきたら、残りの水を慎重に加える。
4. 弱火でゆっくりと、沸騰したり泡が立ったりしないようにして煮込む。
5. スープが熱くなり、白い泡が立ちはじめたら火からおろす。
6. ボウルの底に小さく切ったパンを置き、スープを注ぐ。
7. 皮をむいた生のイチジクを添えて供する。

◉鴨肉のハチミツ風味、イチジク添え

（2人分）
鴨の脚…2本
塩、黒コショウ
オレンジ1個分とレモン1個分の皮のすりおろし、およびオレンジの果汁
ショウガ…3かけ
ハチミツ…大さじ3
イチジク（半分に切る）…6個

1. オーブンを200℃で予熱する。
2. 鴨肉に塩、コショウで下味をつける。
3. ノンスティックフライパンで7～8分、焼き色がつくまで丁寧に焼く（鴨から脂が出るので、油をひく必要はない）。
4. 鴨肉を裏返し、もう片面も同様に焼く。
5. オレンジとレモンの皮をボウルに入れる。
6. ショウガは皮をむき、すりおろしてボウルに加える。
7. ハチミツを加え、軽く塩で味を調える。
8. 鴨の脚を小さなオーブン皿か耐熱皿に入れ、風味づけにハチミツを塗り、20分焼く。
9. 鴨肉をオーブンから取り出し、絞っておいたオレンジの果汁をかける。
10. 半分に切ったイチジクを鴨肉のまわりに並べ、オーブンに戻す。
11. さらに10分、または串に刺して血がつかなくなるまで焼く。

◉コルシカ風アンショアード（アンチョビソース）

塩漬けアンチョビのフィレ…6枚
生のイチジク（完熟したもの）…8個
ニンニク…1かけ
オリーブ油

1. アンチョビは塩を洗い流し、イチジクは皮をむく。
2. アンチョビ、イチジク、ニンニクを乳棒で叩き、オリーブ油を垂らしながら、固めのペースト状にする。
3. 焼きたての温かいパンにのせて供する。

………………………………………

◉サラド・プレヌ・フォルム・オ・ヴィネグル・デュ・フィグ
（イチジクヴィネガーのヘルシーサラダ）

（4人分）
米…180g
乾燥アプリコット…50g
乾燥イチジク…3個
キュウリ（小）…1本
オレンジ…2個
ヤングキャロット…3本
チャイブ…1束
ハチミツ…小さじ1
クミン…小さじ1
オリーブ油…大さじ4
イチジク酢（※）…大さじ3
ピスタチオ（無塩）…ひとつかみ

*イチジク酢はバルサミコではなく、ニースのA L'Olivierなどで購入できるフルーツビネガーを使用する。

1. 米をゆで、水気を切る。
2. オレンジを絞る。
3. ニンジンは皮をむき、角切りにする。
4. クミンとハチミツを加えたオレンジの果汁で12分間、ニンジンをできるだけやさしく煮る。このとき、水を小さじで加えて、煮汁が減らないようにする。
5. イチジクとアプリコットを小さく切り、煮汁に加える。
6. 冷めるまで置いておく。
7. キュウリは皮をむいて種を取り、小さく切る。
8. キュウリをご飯に混ぜ、ニンジンとフルーツのコンポートを加える。
9. オリーブ油とイチジク酢で味付けし、塩コショウで味を調える。
10. ピスタチオときざんだチャイブをふりかけて供する。

………………………………………

◉イチジク、チャード、ゴルゴンゾーラのフェットチーネ

（4人分）
フェットチーネ…250g
イチジク…8個
チャード（茎を取り除き、葉をちぎる）…8〜10枚
オリーブ油…大さじ2
ニンニク（みじん切り）…2かけ

ゴルゴンゾーラ（砕いたもの）…75g
バルサミコ酢…大さじ½
クルミ（ピース）…ひとつかみ

1. フェットチーネは指示どおりにゆでる。
2. フライパンにオリーブ油大さじ1を熱し、ニンニクのみじん切りを軽く炒める（色がつかないようにする）。
3. ちぎったチャードの葉を加え、しんなりするまで中火で炒める。
4. ゆでたパスタ、オリーブ油大さじ1、ゴルゴンゾーラ、バルサミコ酢を加え、よく混ぜる。
5. クルミを入れ、軽く混ぜる。
6. 4等分したイチジクを飾る。

……………………………………………

◉インサラティーナ・ディ・スカンピ・フィキ・エ・メローネ
（スキャンピ、イチジク、メロンのサラダ）

（4人分）
まるまるとしたエビ…600g
プラムトマト…4個
白イチジク…6個
メロン…1個
グレープフルーツ…½個
レモン…½個
ルッコラの葉…ひとつかみ
タバスコ…適量
良質なオリーブ油…適量
塩、コショウ…適量

1. エビをゆで、殻をむいて、そのまま冷ます。
2. トマトは皮をむき、種を取り除く。
3. トマトの果肉とグレープフルーツの果肉、レモン汁、タバスコ、塩、コショウ、オリーブ油を混ぜ合わせ、置いておく。
4. メロンスクープでメロンをくり抜き、メロンボールをつくる。
5. イチジクは皮をむき、4等分する。
6. 大きな平皿にサラダを盛り付ける。中央にルッコラをのせ、そのまわりをエビで囲み、さらにイチジクでぐるりと囲む。その外側にメロンボールを飾る。
7. トマトとグレープフルーツのドレッシングを小さじスプーンで少しずつかける。

……………………………………………

◉イチジクと生ハムのグリル

（4人分）
生のイチジク…12個
生ハムのスライス…12枚
バルサミコ酢…適量
塩、コショウ…適量

1. イチジクは縦半分に切る。
2. グリルパンを熱し、十分熱くなったらイチジクを切った面を下にして並べ、焦げ目をつける（1～2分）。
3. 皿に取り出す。
4. 焦げ目がついた面を上にしてイチジ

クを皿に並べ、バルサミコ酢をかけ、塩、コショウをする。
5. それぞれのイチジクの横に生ハムを巻いたものを飾り、イチジクがまだ温かいうちに食卓に出す。

……………………………………………

◉トルコ風イチジクシャーベット

（4人分）
乾燥イチジク…4個
水…¾リットル
ペクメズ（*）…50*ml*

*ペクメズは、ブドウの果汁を濃縮してつくった濃厚なシロップのこと。ペクメズが手に入らない場合は、グラニュー糖（大さじ4または5）を使用する。

1. イチジクは崩れそうになるまで30分ほどゆでる。
2. ザルで濾し、イチジク液をつくる。
3. イチジク液を濾し器にかけて裏ごしし、さらに目の細かい濾し器を使って裏ごしする。
4. イチジク液に少量の水を加えて火にかける。
5. 沸騰したら火からおろして冷ます。
6. ペクメズまたは砂糖を加え、ふたたび火にかけて沸騰させる。
7. 火からおろしてふたたび冷ます。
8. グラスに注ぎ、冷やす。生のミントを飾って供する。

……………………………………………

◉ローズシロップ風味のトルコ風イチジクの詰め物

（4人分）
乾燥イチジク…12個
グラニュー糖…適量
ローズウォーター…適量
クルミ…ひとつかみ

1. イチジクを湯に浸し、ふっくらと柔らかく戻す。
2. イチジクのヘタを切り落とし、砕いたクルミと砂糖少々を丁寧に詰める。
3. 大きな浅鍋に、ローズウォーターと砂糖で風味をつけた水を半インチ［約1.3cm］ほど入れる。
4. ローズシロップが染みこむまで、イチジクをゆっくりと煮込んでから冷ます。
5. 生クリームと半分に割ったクルミを飾って供する。

……………………………………………

◉イチジク・プディング

（6～8人分）
乾燥イチジク…24個
ブランデー…120*ml*
セルフレイジングフラワー［膨張剤入りの小麦粉］…50*g*
ナツメグ（すりおろしたてのもの）…小さじ1
シナモン…小さじ½
ベジタリアン・スエット［植物油からつくられ

る牛脂に似せたもの］…100g
パン粉…175g
きざんだナツメヤシ…200g
レーズン…75g
オレンジ（皮と果汁のみ使う）…1 個
ショウガの絞り汁…少々
卵…2 個
カスタードクリーム…適量

1. イチジクをボウルに入れ、ブランデーを加える。蓋をして一晩おく。
2. 水気を切って（ブランデーはとっておく）、イチジクを細かくきざむ。
3. 2 つ目のボウルに、小麦粉、ナツメグ、シナモン、スエット、パン粉、ナツメヤシ、レーズンを入れて混ぜ合わせる。
4. 3 つ目のボウルに、とっておいたブランデー、オレンジの皮と果汁、ショウガ汁、卵を入れ、泡立て器で全体をよく混ぜる。
5. 4 を 3 に加え、なめらかになるまでよく混ぜる。
6. イチジクを加えて混ぜ、スプーンでプディング容器に入れ、バターを塗った耐脂紙とプディング用の布巾をかぶせる。キッチン用のひもでしっかりと縛る。
7. 水を入れた大きな鍋で 4 時間ほど蒸す。必要に応じて水をつぎ足し、プディングに完全に火が通るまで蒸す。
8. プディングを取り出してスライスし、カスタードクリームを添えて供する。

デイヴィッド・C・サットン（David C. Sutton）
イギリスの文学研究者。レディング大学図書館で司書として、写本や手紙のアーカイブ調査を行う。レディング市議会議員を務め、社会問題にも取り組む。食品と美食の歴史、大衆の抗議や暴動の歴史についての研究を行う。

目時能理子（めとき・のりこ）
英語・イタリア語翻訳者。立教大学経済学部卒。ニュージーランドの調理師資格を保持。訳書に『フレーバー・マトリックス』（共訳、SB クリエイティブ）、『シグネチャー・ディッシュ』（共訳、KADOKAWA）、『ジョルジオ・アルマーニ』（共訳、日本経済新聞出版社）、『「反」ダ・ヴィンチ・コード』（早川書房）などがある。

「食《しょく》」の図書館《としょかん》

イチジクの歴史《れきし》

●

2022年10月31日　第1刷

著者……………デイヴィッド・C・サットン
訳者……………目時能理子《めときのりこ》
装幀……………佐々木正見

発行者……………成瀬雅人
発行所……………株式会社原書房
〒160-0022 東京都新宿区新宿 1-25-13
電話・代表 03(3354)0685
振替・00150-6-151594
http://www.harashobo.co.jp

印刷……………新灯印刷株式会社
製本……………東京美術紙工協業組合

ISBN 978-4-562-07214-9, Printed in Japan